実践講座 11

アメリカ・インディアンの「場」の浄化法

スペース・クリアリング

CLEARING *A Guide to Liberating Energies Trapped in Buildings and Lands* Jim PathFinder Ewing

ジム・ユーイング〔著〕

澤田憲秀〔訳〕

井村宏次〔解説〕

BNP

ビイング・ネット・プレス

Foreword

序文

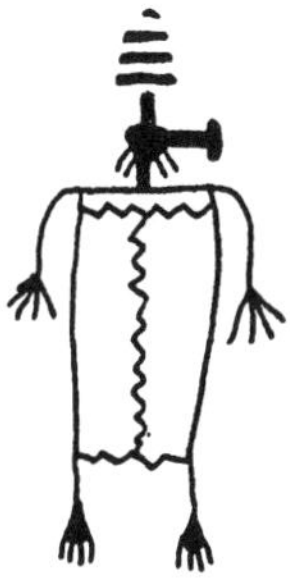

著者ジムは地球を代弁する語り部だ。

本書では、われわれが大自然の中にあって、それとどう調和して生きればよいかについて大いに役立つ考え方や方法が語られている。

彼は、私と同じく、霊的世界について理屈を語る人ではなく、それを日々実践し、しかも指導する人なのだ。彼は本書を通し、現在の文化がわれわれに教えてこなかった微細な世界、すなわち、霊的なエネルギーを活性化し変容させる方法など、現代人には思いもつかないであろう見えざるエネルギーの領域と、物質や固体といったなじみのある日常的な世界との溝を埋めようとしているのだ。

その意味からも、本書は、われわれを取り巻く世界と調和をもって生きるための知識、つまり知られざる土地と空間のエネルギーのさまざまな状態を知りその変容をはかることに焦点を当てた、素晴らしいガイドブックなのである。しかし、本書のもつさらに重要な価値は、生活のあらゆる局面でわれわれと密接な関連をもつそのエネルギーという領域に分け入ろうとする読者にとって、実践的情報に満ちあふれていることなのだ。

この愛しき地球上にいずれは実現すると予言された、調和、美、平和の黄金期への第一歩を踏み出そうとするとき、われわれを取り巻く世界にもっとも強力で有用な形の相互作用をもたらす手法こそがエネルギー・ワークにほかならないのだ。

実現させたい夢や計画があるとき、それに愛と思いやりを重ね合わせることで、目には見えなくとも確かに存在する大いなる世界がわれわれと共にそれを実現させてくれるとすれば、それはなんと素晴らしいことであろうか。物質界の重圧に押しつぶされそうになり、しかも争いを繰り返し、エネルギーを消耗させている今のわれわれとは大違いではないか！

われわれがひととき非物質的世界に移り住み、そこで穏やかな生活が送れるとしたら、物質界であれこれあくせくするよりどれだけ素晴らしいことだろう？

こうした考えをさらに理解していただくために、われわれシャーマン仲間が施す癒しの術を少しご紹介してみよう。

自分は（ビジネス）戦士だという固定観念に囚われ慌ただしい生活習慣をもって生きるエグゼクティブに対し、週に一度程度の治療機会が与えられれば、われわれはマッサージで身体の凝《こ》りや緊張をほぐすという手段をとる。

また、時間と労力をさらに有効に活用したいということであれば、術者がその人の微細な身体に入り込み、緊張、悩み、心配、オーバーワークなどのパターンを変えるということも可能である。肉体のエネルギー体のひとつ、エーテル体の中にある個人のパターンを設定する領域に侵入し、そのパターンを変容させれば、そこを通路として表出するすべての事象に恒久的な変化をもたらすことができるのだ。つまり、この手法は即効性があるばかりでなく、時を超えた新しいパターンも生み出せるので、その場限りの効果にとどまらず、その効果は一生を通じて持続するのである。

エグゼクティブであろうがなかろうが、この治療を受けると、その人はいっそうリラックスして自信を深め、柔軟な態度で物事に対処できるようになるので、能率的に楽々と、しかも喜びをもって仕事を遂行できるのだ。しかも物質界レベルでなすべき仕事に余力が生じるため、帰宅してからも、家族に割《さ》けるエネルギーに事欠くことはないだろう。

この例のように、自分自身や自分をとり巻く世界とうまく連動する方法を学ぶことこそが、今、われわれは火急に求められているのだ。そしてジムは、至高のエネルギーとつながる方法を、簡潔かつ明瞭に解き明かしている。それを可能にしているのは彼が、指導霊や精霊の世界へと通じる叡知の門を開くことによってこそ、われわれはその高位の世界にしっかり根を下ろし、直面した状況を打開するために必要な知恵と情報を得ることができるのだ、ということを理解しているからにほかならない。

エネルギーとつながるための最初のステップは、ポジティブさやバランスを欠いた良くないエネルギーの状態や場所と遭遇したなら、それにただちに気づけるようになることである。それが感じられてこそ、そのエネルギー場に陣取り、ポジティブな変化を生むためのワークを行うことができるのだ。

その結果もたらされた変化は、その状態や場所のバランスを改善するだけではなく、地球全体にも快いエネルギーを与えることになる。われわれの気づきが増すにしたがい、素晴らしき惑星――母なるガイアへの理解も深まり、この豊潤で甘美な世界をさらに繊細に味わえることだろう。そうなれば、われわれが見たり感じたりできるすべてに対し、これまで以上の敬意と尊重の念を抱けることは間違いない。

ひとりひとりが自分の意識を使って変化を起こせば、世界は、美、平和、調和のもとに輝き続けるのだ。

さあ、この黄金期を手中にするために各々の務めを果たそうではないか。それこそが正しく善なる道なのだから……。

ブルック・メディスン・イーグル
モンタナ州スカイロッジ

二〇〇六年四月

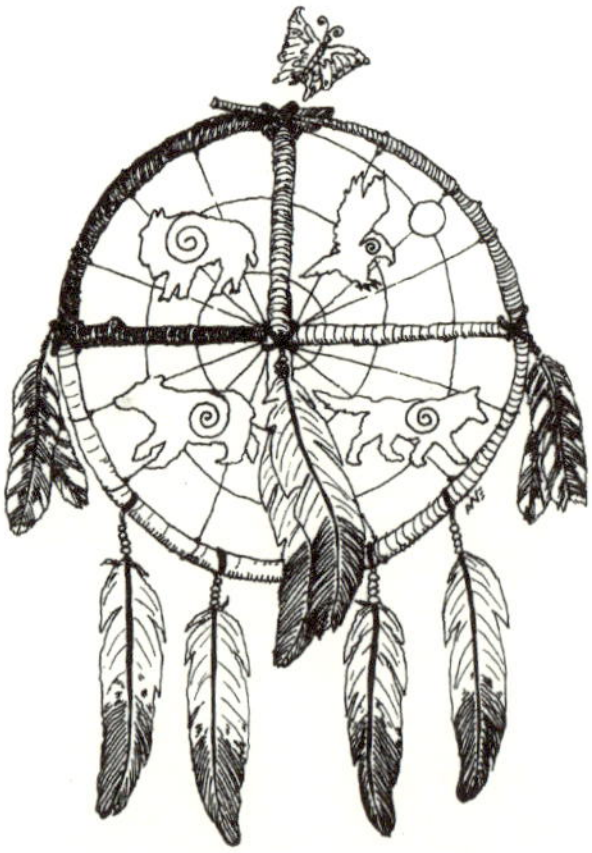

目次

C O N T E N T S

C O N T E N T S

C O N T E N T S

Chapter 4

C O N T E N T S

Final Thoughts

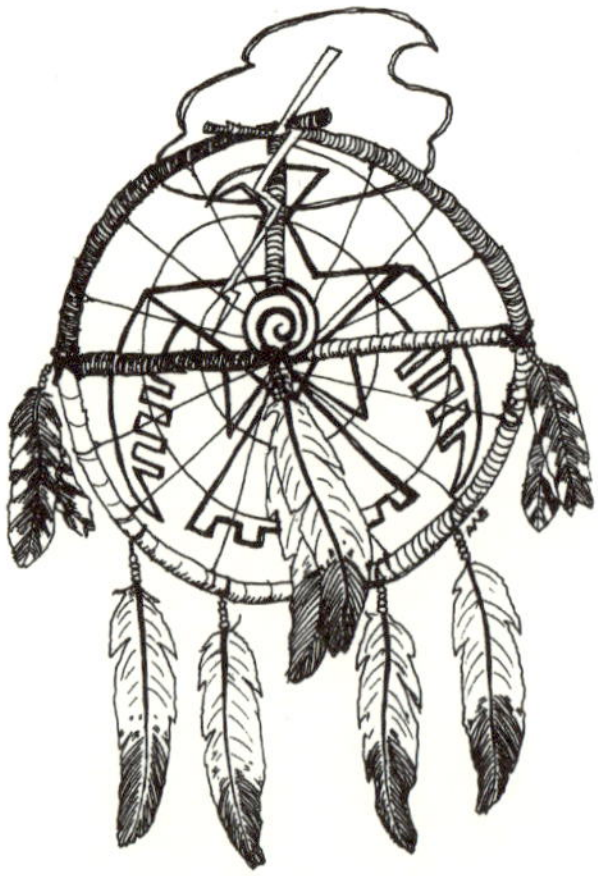

もしただ耳を傾けるなら、大地や岩は語る
もしただ眺めるなら、自然界の精霊たちは何かを見せてくれる
そして、十全の静けさをもって聴くなら、かれらの声は叡知をもたらすだろう
造物主と共にあらば、奇跡も為せる
神々にふさわしき空間に満ちるとき、生のなんたるすばらしきことか

はじめに――〝浄め〟がもたらす効果

どこかの部屋に入ったとき、寒気を覚えたり、何かがおかしいと感じたことはないでしょうか？　突然、理由もなく悲しくなったり心が乱れるようなことはなかったでしょうか？あるいは反対に、なぜかそこにいると心が安らぐといったような場所を訪れたことはないでしょうか？

住居、仕事場、訪問先など、どんな空間にも、わたしたちの健康に影響を及ぼす精霊やある種のエネルギー体が潜んでいることがあります。もし精霊が閉じ込められていると、そのエネルギーにより精神的な悩みが生じることもあれば、逆に落ち込んでいた気持ちが高揚するなど、心理状態に変化が生じます。

つまり、建物や土地のエネルギー・パターンは、その起源や波動レートにより、ネガティブにもポジティブにもなり得るのです。幸いにも、閉じ込められた精霊を解放すれば空間は清まります。

そして、さらに波動を引き上げると、どんなネガティブ・エネルギーもポジティブに変容させることができます。

わたしたちの住む物質至上主義の社会では、触れたり計測できないものは信じないという先入観があります。しかし、適切な指導さえあれば、指導霊や精霊の助けを借り、専門家の介入なしに、誰でもそういったエネルギー・ワークが可能なのです。

どんな人にも、エネルギー現象を感知し、エネルギーに働きかける能力があります。この能力は開発していくことが可能であり、それはラジオ放送の周波数を合わせる動作と似ています。テクニックをきちんとマスターすれば、空間のエネルギーを感知し、その特色に合ったワークを行うことで、さらなる健康と調和が得られるのです。

場所のもつ根本的な性質に影響を与える〝環境シャーマニズム〟の実践者として、私はよく、新しい家やアパートに引っ越した人から空間の浄化——つまり、その場所のネガティブ・エネルギーを消散させたり変容を行うこと——の依頼を受けます。また、仕事場の波動レートを上げてエネルギーをもっとポジティブな形体に変容させる、という浄化の仕事も数多く依頼されます。従業員や顧客にとって魅力的な空間を作ることで、ビジネスを好転させようというわけです。

空間の浄化がすむと、「ここがこんなに心地よいなんて信じられない!」と、大勢の人が言うのですが、事実、たった一回の処置を施しただけでも、効果は何ヶ月も続き、久しぶりにそこを訪れた来客などは、まるで明かりが点《とも》っているような感じがすると驚かれます。

また、ある地域一帯を浄化した場合、植物や動物の繁茂ぶりなどからもその効果をうかがうことができるのです。このように建物や土地のエネルギーが変容すると、豊かさが増し、癒しの触媒効果が生まれ、人間の創造性を鼓舞することにもなるのです。

あらゆる空間は、ほとんどの場合、エネルギーの組成や特性を把握できれば、改善することが可能です。物理学の基本的な知識、――家や建造物は閉鎖された空間をもっている、岩石のような固体は原子、原子核、電子、陽子、クォークの間に広い空間を含んでいる、これはちょうど、太陽系に存在する太陽と惑星間の空間のようなものだ――といったことを理解しておくことは重要です。

また、物質と物質の間の空間、物質と自分が存在する空間など、あらゆる空間にはポジティブあるいはネガティブな波動エネルギーの留まる余地があることも知っておくべきでしょう。空間の波動は、それが人間にとって良いものであれ悪いものであれ、すべてがエネルギーとしての性質をもっています。

部屋に入ったとき、理由もなしに〝鳥肌〟が立ったり、反対に心地よい気分になれるスポットに引き寄せられるとすれば、それは身体内の鋭敏な感覚が、その空間の波動に反応したからだと言えるでしょう。

本書の目的は、読者がお気に入りの建物や土地のエネルギーのタイプを見きわめ、望ましい形へと変容を遂げさせることによって、調和のとれた生活ができるように手助けすることにあります。

読者のほとんどは、エネルギーを変容させるという考えには不慣れかもしれませんが、水や物質に起こる変化ならよくご存知でしょう。水は温度を変えることで簡単に変容します。凍らせれば氷に、熱すれば蒸気に、そしてそれを冷やせば液化して水に戻ります。物質なら燃やして灰にしたり、放置しておけば崩壊や腐敗も起こります。エネルギーについてもこれと同じで、目的意志をもち、経験を積み重ね、本書で紹介する手法を実行されたなら、変容、つまりエネルギーのパターンを変えることも可能になるのです。

時々、「あなたは空間の変容や癒しのワークをどんなふうにやるのですか?」と聞かれることがあります。この問いに対する私の答えはとても簡単です。「私じゃありませんよ、指導霊と精霊が助けてくれるんです」、と。あまり知られていない重要な真理ですが、人間とは地球上で自己意識をもつ唯一の生き物なのです。それ故に、わたしたちは物質界と精霊との間を行き来することができるのです。

もしわたしたちが自らの潜在力に目覚め、精霊の導きを授かれたなら、惑星全体に大きな恩恵を与えるエネルギー・ワークも可能となるのです。

本書は、エネルギー・ワークに必要な能力を開発する【エクササイズ】、そして指導霊や精霊の援助が必要な場合に彼らを発見するのに役立つヒント等、基本となるテクニックに焦点を絞って記しておきました。読者は、浄化作業を行うときに役立つと思う事項を、それぞれノートブックに書き留めていくとよいでしょう。参考までに、私のノートブックの一部を、各章の最後に挙げておきました。同じく各章の最後には、参照に便利なように、重要なポイントのまとめを記しておきました。

すべての人々が神の恵みを受けられんことを祈り、本書（訳者注：原書）の売り上げの一部は、アメリカ先住民の聖地の買い上げと保全に尽力するＮＰＯ組織に寄贈されます。

Chapter 1

第1章 悲しみ、苦しみ、動揺させる場所を識別する

汝、自らを知れ
——デルフォイ神殿の碑文——

浄化を必要とする場所では、たいていの場合、気分がふさぎ込むような強いネガティブ・エネルギーが放射されています。

その気配を〝読み取り〟、エネルギー・タイプを判別するには訓練が必要です。

悲しみ、苦しみ、動揺などを浄化しなければならない場所を識別する秘訣は、自分自身のエネルギーを知り、自分の周囲のエネルギーにいっそう敏感になることです。それには、自分の内と外にあるエネルギー・パターンの微細な波動を、どちらも感じることが求められます。これらの能力を、学んでいくことにしましょう。

わたしたちの生きる現代の文化では、人は概して外面的なものにばかり興味をもつ傾向にあるため、古代文化の多くが儀式などを通して日常的に行なっていた微細エネルギーの識別には重点が置かれてはいません。それでもわたしたちは個人が何らかの（気配のような）エネルギーを放射し、時にはその発されたエネルギーがその空間に残存していることを、直観的に気づいているのです。部屋に入った途端、そこにいる誰か――仕事上のライバル、前の恋人、あるいはまったく初対面の人など――が放射する強い感情の波の不意打をくらった体験はないでしょうか。

映画『一目惚れ』（One look a crowded room）で描かれていたのも、この一例でした。

直観とは、他人の発したエネルギーを拾い上げ、それを感覚として解釈したものなのです。
ところで、人や場所のエネルギーがどれほど感じられたとしても、わたしたちはそのエネルギーの質を見きわめたり、有利にいかす方法は学んできませんでした。したがって、この能力を身に付けるには、読み書きを学ぶのと同じように、訓練が必要なのです。

子供を例にとれば、最初は本に書かれた文字は理解できるはずがありませんが、成長するにつれ、次第にその意味が分かるようになってきます。これと同じく、わたしたちが自分という空間の内にある精妙さを自覚し、直観を駆使しながらエネルギー・パターンの〝アルファベット〟を学べば、建物の中にある空間や土地という屋外空間の（気配や気）エネルギーを〝読み取る〟方法も身に付けられるのです。

このことを行うには、**静寂点《スティルポイント》、つまり、わたしたちの存在が完全に沈黙し静けさに包まれる状態**を見いださねばならないのです。

静寂点をどう見つけるか

静寂点に到達する能力は、エネルギーを〝読み取り〟、それを変容させて健康増進に役立たせることを学ぶ際の必須条件です。

静寂点とは直観力と創造力の原点であり、リラクセーションとセンタリングを通して得られるバランスのとれた心の状態です。それはまた、自分らしい自分として生きられる存在の原点でもあるのです。静寂点は、霊的活動に必要とされる重要な要素で、自分の内にある聖なるものへの気づきを通し、万物の神聖さを自覚させるところなのです。

静寂点にアクセスする方法にはいろいろあるものの、どんな方法を用いても、二つのことが理解できるでしょう。つまり、この世界とは無限の探究意欲をかき立てる豊かな場所であり、いつでも望む時に自分の静寂点とアクセスできる、ということなのです。というのも、静寂点はどこか遠くにあるのではなく、自分の内に存在しているからです。

(1)静寂点を発見する手法のひとつは、絵画、作文、編み物、楽器の演奏、模型飛行機の組立てなど、なんでも**自分の大好きなことをする**ことです。その夢中さが、あなたを内部の静けさへと導いてくれるのです。

(2)また、意識的に静寂点を探す方法もあります。**〝今、この瞬間〟を生きることに集中するる**のです。昨日起こったことも、明日のプランも、何も考えないでいると、あれこれ騒がしい心のおしゃべりは止みます。

(3)静寂点を探し出す三番目の方法は、**瞑想**です。瞑想するときには、この方法が最も静寂点に到達しやすいということをしっかりと銘記しておきましょう。そして瞑想中は、それが聖なる営みであることを常に忘れないようにしてください。

瞑想法の実例

①最初の方法では、合掌し、中指に意識を集中させます。

さまざまな思いが湧きあがってきても、怒りやいらだちを起こさず、自分への忍耐とやさしさをもって、それらを意識的に退けることです。ほと走るような思いの波は、なんとか生き残ろうとするエゴのもつ強固な習癖なのだと覚えておきましょう。瞑想することで、無意識的な精神活動が引き起こすこの習癖を断ち切り、瑞々しい明晰さを獲得してください。

②二番目の瞑想法は、何かを観察しながら、あなたがトータルに〝今、この瞬間〟に在るということを観測することです。

たとえば卵を手にもち、それに集中してみましょう。その重さ、形状、手ざわりなど、可能な限りの情報をキャッチします。卵への集中を高めるには、まず卵に関してあなたがもっている過去の記憶――お母さんが作ってくれたオムレツやイースターエッグ等々を、いったん、記憶によみがえらせ、次にそれを解放するのです。どんな連想や記憶が浮かび上がってきても、それらを排除せず、受け止めたあと、解き放ってください。種々の思いが解放されれば、あなたはもっとリラックスし、卵の本質と自分の意識のユニークさについて、さらに自覚できるようなっていることでしょう。

③三番目の瞑想法は最も基本的なもので、呼吸がエネルギーの流れや意識状態に及ぼす影響に注目する方法です。

おなかを押し出しながら、骨盤部から息を深く吸い込み、肺が一杯になるまで胸を拡げます。しばらく息を止めたあと、今度はおなかを縮めながら、肺が空っぽになるまでゆっくりと息を吐き出してください。

穏やかなリズムを保ち、息を吸い込むごとにエネルギーが入り、意識が拡大する様子を心に描きましょう。息を吐くときは、身体の緊張が緩む感覚を味わってください。呼吸し、ただそこに在るという状態で、マインド、ハート、身体の全感覚を総動員し、自分を取りまく環境を探ってみましょう。

・あなたに聞こえる一番静かな音はどんな音ですか？
・その音は身体の内から来るのでしょうか、それとも外部から聞こえてきますか？
・その静けさはどんな〝味わい〟ですか？
・見ることなしに、何が〝見え〟ますか？
・ただ呼吸するという行為を通して、あなたはどんなことに気づくことができましたか？
・先入観を排除した生の体験を通し、あなたの内面に気づきが生じましたか？

静寂点に到達すると、知覚力が増し、将来を予測したり創造する能力が向上します。静寂点が見つかれば、そこを出発点に、自信をもって恐れることなく、エネルギー・ワークに専念することができます。そうなれば、純正で、守護され、活性化された〝叡知〟の中心から、あなたはいかなる場所のエネルギーに対しても対処できるようになるのです。

次の項では、この静寂点に達するために必要な、グラウンディング、センタリング、シールディングを説明することにしましょう。

グラウンディング、センタリング、シールディングを行う

グラウンディング

グラウンディングとは、意識と大地をエネルギー的につなげ、他の次元からの操作を受けたり、余計なエネルギーから過度の干渉を受けない状態を作り出すことです。

［方法］

大地とつながるには、エネルギーの糸が背骨の基底部（骨盤底、会陰《えいん》、ルートチャクラの部位）から地球の奥深くまで延びている様子を思い浮かべ、このつながりが大地の癒しや生命維持力と連結し、どこに自分がいようと助けてくれるのだ、とイメージしましょう。

このイメージ法を一日の間に何度か行い、つながりを確かなものにしていきます。できれば岩や樹木などに寄りかかるとよいでしょう。ルートチャクラが何かと接していると、

物理的に大地とつながっている感覚が生まれます。
これで、他次元からのエネルギーの影響を極力押さえることができます。

センタリング

センタリングとは、バランスのとれた意識状態でエネルギー・ワークが行えるよう、意識を身体の中心に定め、下方からくる大地のエネルギーと上方からの高次の知覚力を引きつけることです。

［方法］

中心を定めるには、大地のエネルギー、つまり自然界に生命を与える力が足元から上がってきて、身体の中心部へと入るさまを感じてください。同時に、太陽（夜であれば星々）の生命エネルギーが、頭頂部（クラウンチャクラ）を通って、身体の中心部に入り、そこで下方からのエネルギーと出会う様子も感じてください。

このプロセスを経て〝叡知の空間〟を作りあげると、気分の動揺がなくなり、あなたの行いにバランスがもたらされます。

シールディング

シールディングとは、外部からのネガティブ・エネルギーをかわすために、意志の力で自分のまわりに（オーラのような）防御的エネルギー層を作ることです。

【方法】

シールドを作るには、鏡でできた繭《まゆ》の中にいる自分の姿を思い浮かべましょう。好ましくないエネルギーをそれで跳ね返してしまうのです。コートを着るように、この目に見えない鎧《よろい》を身に付けましょう。白色か青色の細かい光の粒をイメージすればよいでしょう。これはあなたを守る盾なのです。ベールのように薄くもなく、あなたを覆い隠してしまうようなものでもありません。

このシールドがあって自分が安全に守られると分かれば、望むときにはいつでも意志の力でこの盾を呼び出し、自分を包み込むことが可能になり、どんなネガティブ・エネルギーも払い除けてしまうでしょう。時々、自分の意志を再確認し、シールドの防御力を活性化することが大切です。

場を〝読み取る〟能力を向上させる

人はいつも、自分の周囲の環境と無意識レベルでの関わりをもっています。ですから、さまざまな場所のエネルギーの質やタイプを〝読み取る〟能力を磨けば、調和のとれた生活を送るために多いに役立つでしょう。

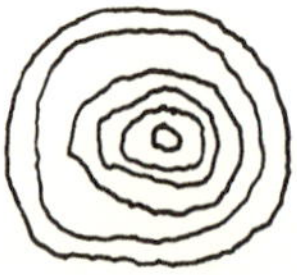

場をうまく〝読み取る〟には、それがどこであれ、まず自分の周囲を取り巻くエネルギーに気づくことから始めなければなりません。もし突然、気がそぞろになったり、悲しくなったり、イライラしたら、その場のエネルギーを感じとり、いったい何がそうさせたのかを見きわめましょう。

場所やエネルギー・タイプの判断をするときは、その場所やそこにある物についての先入観をぬぐい去ってください。こうした条件反射的反応は、エネルギーを正確に判断するための大きな障害となります。

エネルギーのうねりや流れが感じられるよう、奥底に眠っていた内なる能力を呼び覚ましましょう。

また、感覚を鋭敏にする方法（【エクササイズ1】を参照）を実践し、エネルギーのもつ潜在的重要性についての知識も増やしていくことにしましょう。

たとえば、もしシンボルとみなされている物体から強いエネルギーが生じていた場合、その物体はどこから来たのか？　どんな文化で用いられていたのか？　その特質は何か？　などを探り、発見した内容をノートブックに記録して将来に備えるのです。

このようにすれば、観察することが自己にとってのたゆまざる研鑽となり、感覚が研《と》ぎ澄まされると同時に、普遍的な知識を広く獲得することにもなります。ときにはこれらの観察が、自己認識や自己啓発の過程において、思わぬ重要な啓示をもたらしてくれる可能性もあります。

エクササイズ1

正反対のパワーで感覚を際立たせる

空間のエネルギーをうまく〝読み取る〟感覚を高めるには、正反対のパワーを用いるのが良い方法です。

たとえば、暖かい物を手にもち、次に冷たい物に触れると、その冷たさが強調されます。ある場所のエネルギーを判断するにも、同様の原理があてはまるでしょう。**あなたの潜在的感覚力を増すには、悲しみと喜びの両方が強く放たれている場所に行き、それらのエネルギーを比較してください。**

(1)まず、自らを静寂点に導き、それから、グラウンディング、センタリング、シールディングを行います。中立的な観察者としてこの空間にアプローチし、そこに存在するすべてのエネルギー・タイプを感じてみてください。こうすることで、その場のエネルギーに対し最大限の気づきを得ることができます。何かのゲームをしていると思えばよいでしょう。あなたは誰か目の見えない人を案内しています。まわりを観察しながら、その内容をすべて伝えているうちに、その人にとって重要な何かが判明するかもしれません。

(2)ノートブックを用意しておき、あなたの印象を手早くメモしておきましょう。

この手法のポイントは、エネルギーに影響されるのではなく、その微細さを見きわめることにあります。目の端で見たり目を細くして焦点をぼかすなどしてエネルギー放射を感じとり、その源を探ってみてください。それから目を閉じます。もし何かの感情が湧き上がってきたことに気づいたら、その引き金となった要素に注目しましょう。

たとえば、それが屋外であれば、その場所のエネルギーに影響を与えているのは自然環境からのものでしたか？　それとも都会の街並みからのものだったでしょうか？　家屋やその他の建物の位置関係によるものでしょうか？　その地形を特徴づけている要素は、幾何学的にうまくなじんでいるでしょうか？　もし室内であれば、空間のエネルギーに影響を与えているのは、部屋そのものや家具の配置でしょうか？　エネルギーの要素とは実際には何を指すのでしょう？　そして、そのエネルギーの本質は何なのでしょうか？

エクササイズを終えれば、タイプがまったく異なるエネルギーが同時に存在していることによって、感覚が際立つことがはっきりと分かるはずです。

別の形でエクササイズを行うこともできます。たとえば、あなたが変化させてみたいエネルギーのある場所に行き、同様の手順でことを進めてください。景観や物体によって、発するエネルギー・タイプが異なるかどうかを観察しましょう。それぞれのエネルギー放射を判別し、それがあなたに与える影響について考えます。それから、このエネルギーをどう変容させるのかを決定すればよいのです。

エネルギーの〝アルファベット〟を識別し、〝読み取り〟を上達させるには繰り返しの練習が欠かせませんが、このエクササイズを行うことにより、対立するエネルギーの力や、種々の場所に影響を与えているエネルギーの全容を感じることができるようになるでしょう。

エネルギー・ノートブックから

指導霊が与えてくれた役に立つ贈り物

数年前、わたしはある品物について、その生い立ちや特性を調査したが、それがわたしの精神性を向上させる天啓をもたらしてくれた。

そもそも、ある男がわたしにくれたその品物は、見た目もおぞましい錆《さ》びついた動物用のワナだった。彼はそれを川岸の朽ちかけた廃屋の中で発見したというのだが、指導霊によれば、これはわたしに貴重な教訓を与えると告げたというのだ。指導霊を信頼するのは、いつも大切なことである。彼らは、われわれには及ばない多くの知識をもっているからだ。そこで、わたしはこの奇妙な品をポジティブな贈り物として受け取った。

ところで、先入観による考えや判断は、物や場所のエネルギーを見きわめる際の大きな障害となる。わたしについて言えば､動物をワナで捕獲することについての偏見を克服し、公平に観察することが必要だったのである。

ワナは部屋の隅に何週間も置いてあったが、やがて、何か不思議な力を宿しているのが明らかになってきた。この不思議な力は、わたしを訪れてくる人々の行動にも反映した。ワナは目につきにくいところに置いてあったのだが、それを一目見た人は、瞬間的に表情を暗くしたのである。

そのうちに、このワナがネガティブ・エネルギーを溜め込んでいたことが分かってきた。もともとの持ち主は、このワナを生活の大事な道具として扱ってきたという。彼はすでにこの世の人ではなかったが、彼の意志の結果として生じたエネルギー・パターンは、この品に深く留まっていたのだ。ワナの機能は本来のままであったが、わたしという新しい持ち主の習性にならい、動物を捕まえる代わりに、ネガティブ・エネルギーを捕らえていたのである。つまり、ワナはわたしの意志とエネルギー環境に順応していたのだ。

この事実こそ、贈り物をくれた指導霊がわたしに課した大いなるレッスンであった。物の扱い方は、そのエネルギーの本質に影響を及ぼすのだ。というのも、人の意志は物体のエネルギーに深く留まるからである。
この教訓を得たわたしは、ワナを玄関に置くことにした。家の中にネガティブ・エネルギーを溜め込むより、入り口に留めて置いたほうがよいと考えたからである。

Review

第1章の復習　悲しみ、苦しみ、動揺させる場所を識別する方法

①自分の中に静寂点を見いだす。
②グラウンディング、センタリング、シールディングを行う。
③正反対のエネルギーを使ったエクササイズ。
④場所のエネルギーを〝読み取る〟練習をする。

Chapter
2

第2章

閉じ込められたエネルギーを解放する

ミタクエ・オヤシン
――ラコタ族の祈りの言葉――

あなたが、閉じ込められたエネルギーを解放し、調和があり健やかで癒しのある環境を作るパイプ役として働くには、万物に内在する神聖さを認識する必要があります。それには、生きとし生けるものが生命の聖なる輪でつながっていると理解することが重要です。

先住民たちはこの事実を知っていました。それは、彼らの祈祷がラコタ族の言葉「ミタクエ・オヤシン」(Mitakuye oyasin)で終わることが多いことでも明らかです。この言葉「わたしにつながるすべてのものたちよ」で表された〝すべて〟とは、立っているもの(木)、座っているもの(石)、忍び寄るもの、這《は》うもの、ずるずる滑《すべ》るもの、泳ぐもの、飛ぶもの、歩くもの、さらには世界中の人々、そして天地に作用するすべてのエネルギーを指しているのです。

すべてがつながっているという意味は、万物——石、植物、虫、魚、鳥、獣、人間——の本質は、エネルギーが物体という一貫したパターンをとって現われたものだと把握することで、さらによく理解できるでしょう。物体とは振動によって結合された空間であり、その振動比率が形を決定しています。基本的に、物体とはエネルギーであり、そのエネルギー振動が減速する中で物質として形を成したものなのです。

石と人間では非常に異なっているように思われますが、両者の成分を見ると、化学的性質が大きく似ているだけではなく、電子、中性子、陽子など、分子レベルでも類似しているのです。たとえば、人体を構成している各要素は地球上に発見できるのであって、ひと握りの土はひと握りの人間だとも言えるでしょう。ただエネルギーの配置パターンが異なっているだけなのです。

また、すべての物体や生物は、物理的形状を表現するための設計図だけではなく、〝マカバ〟(MerKaBa)というエネルギー体、あるいは光のエネルギー場をもっています。〝マカバ〟とは、すべての生命体が共有する神聖幾何学に基づいたエネルギーの枠組みで、精霊が宿るための設計図を作り、それに基づいてDNAが肉体の形状を創造しているのです。

さらに、生物はそれぞれが精霊――生命体をつくる神聖な光、また創造のためのエネルギー体――をもっており、精霊は物質界に依存しない高次元での存在が可能なので、死後、肉体が物質界を離れてからも存在し続けています。

すべての生き物は、高次のパワーの指導のもとに、エネルギーを最高の形で表現することができます。たとえば、人としての最高の存在表現は、思考と行動の統合により成し遂げられます。石、植物、動物も同様で、源泉とつながることにより、自らの存在を最高に表現することができるのです。

また、地球とその物理的外観を形成する山、川、平野、海岸などにも存在の最高の表現があり、この最たるものこそは〝キリスト意識グリッド〟（原著では〝キリスト意識グリッド〟と呼ばれており、このグリッドは地球を覆うエネルギーの層で、理想的な地球の在り方を示しています。（読者は地球上空を取り囲むヴァンアレン帯を想像されたい。これと同様に〝神性意識グリッド〟は地球を取り囲んでおり、その構造は〝格子状〟であるという。いわば地球という空間の〝天井板〟である。単に〝グリッド〟ではなく、原著で〝キリスト意識〟とつくのは、このグリッドは地上に存在するものの心や精神とキリスト、あるいは宇宙エネルギーの統括者である〝根源〟あるいは〝神・仏〟をつなぐ気エネルギー的構造体であるからだ。＝本書解説者注）

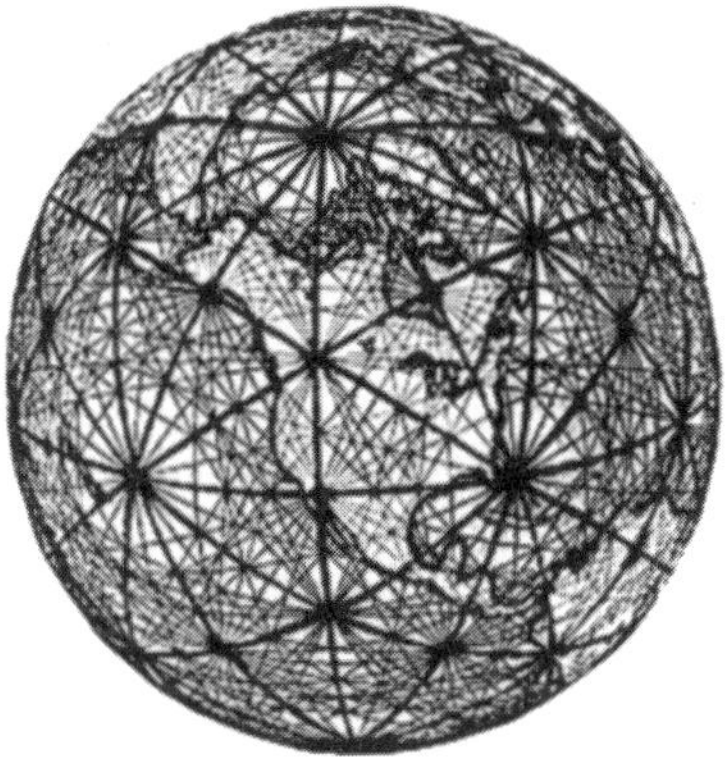

神性意識グリッドに囲まれた地球

先住民や少数の科学者たちの考えでは、グリッドは高次の存在（一般に、アセンション〈次元上昇〉した存在とみなされている）によって構築され、現在進行中の波動の大変容、つまり〝転換の時代〟を迎えた人類の救済を目指しているとされています。

建物や土地に浄化を行い、その場のエネルギーを変容させるには、外観ではなく、本質やエネルギー・パターンへの働きかけに全力を注ぐことが大切です。

生命の源泉（霊魂、聖霊、アニムス）と結ばれた空間のエネルギーに働きかけると、現実世界において一定のパターンが生じ、外観が与えられます。つまり、生物でも、無生物でも、そこに宿る精霊に対して敬虔な態度で臨むだけではなく、ワークそのものの神聖さが認識されなければなりません。なぜなら、造物主にとって、すべての精霊はひとつだからです。

あなたの精霊あるいは神の光を用いれば、物体の設計図と神の光が互いに影響し合う姿が見えるようになり、そこではじめて、その物体のエネルギーを最高の形に変えることが可能になるのです。

こうしたエネルギー・ワークは、敬意をもって行うことが肝心です。他人の霊魂を勝手にいじくりまわしたりはしないように、場所、石、植物、動物などのエネルギーと交わるときにも、十分な配慮を心がけるべきなのです。エネルギーを用いたり変容させるには、まずその存在の美しさとパワーを認識し、次に謙虚さと敬意をもった態度で、変容を起こすことの許しを求めなければならないのです。

こうしたやり方は、アメリカ先住民をはじめ、多くの先住民文化に共通していますが、目標とするところは、〝中空の葦〟、つまり、造物主のパワーが通る空洞となることなのです。こうした動きは、地球の波動エネルギーが大きく変動する〝転換の時代〟がさし迫った今日、特に重要となっています。

この変化の時についてては、初期のニューエイジ運動でも叫ばれていましたが、一方で、この変容により〝アセンション〟が起こり、惑星が新次元に移行すると言う人々もいます。

何人もの作家がこの〝転換の時代〟について言及しています。それらによると、マヤ暦で二〇一二年に起こると予言された〝終末〟が近づくにつれ、エネルギーが加速し、多くのことが早く展開する時代であるというのです。

マヤ族、ホピ族、アステカ族の考える時間と宇宙の概念によれば、人類には四つの世界、あるいは〝太陽〟があったといいます。そして今わたしたちは、第五番目の世界に入っていこうとしているのです。それは、暦の度量器とみなされたエジプトの大ピラミッド、聖書の予言に示された〝終末〟、時の循環を説くヒンドゥー教のユガなど、各地の年代学により裏付けられてきたとおりです。

古代の霊的指導による教えに依拠する神秘家や予言者たちによれば、現在の地球上に存在する人間の目的は、神と共に変容を創造するという自らの責任を知ることにあるといいます。すなわち、個人の力と叡知には限りがあることを自覚し、造物主と力を合わせ、善をなそうというのです。今、わたしたちは、個人として、さらには人類という集団として、全員でこの務めを果たすよう求められているのです。

事実、ある人々は、アメリカ先住民が言うところの生命の〝聖なる輪〟にもっと波長を合わすよう駆り立てられる自分を体験し、また別の人々は、自分と他人そして地球はひとつであることを理解し、すべての存在に恩恵がもたらされていた時代に戻ること、すなわち、わが家への〝帰郷〟を思い巡らせているのです。

そしてこの目的を達成できるのが、場所や土地を神性意識グリッドとつなぐエネルギー・ワークなのです。ワークを行えば、エネルギーはさらに大きな力を生み出し、さらに高次のエネルギー形体を表現する可能性が創出されるのです。

場のエネルギーを変容させる準備として、地球上のエネルギー・パターンの状況や形状の概要を把握し、作業中に出くわすかもしれないエネルギーのタイプについて知っておくとよいでしょう。たとえば、レイライン、聖地、神性意識グリッドについての知識は重要です。

レイライン、聖地、神性意識グリッド

レイラインとは、地球の表面を縦横に行き来している格子状のエネルギーで、人体をめぐる経絡と同じく、電磁エネルギーをもっています。

東洋の古代医学の施術者たちによって詳細に描かれた経絡は、鍼灸術など、エネルギーの滞りを取り除き、流れを正常にして健康の増進を図る治療技術に用いられてきました。ポテンシャル・エネルギーの通り道と考えられてきたレイラインは、時代を超え、多くの文化で、霊的意識の向上に用いられてきました。

たとえば、ヨーロッパの古い大聖堂や大半の巨石建造物、アメリカの多くの寺院などは、

古代人が聖なる場所と指定した土地の近くを走るレイライン上に建てられています。また、象形文字や彫刻のほどこされた岩石やストーン・サークル（古代のメディスン・ホイールや環状列石）も、ほとんどがレイライン上に造られています。

こうした場所には非常に強いエネルギーが秘められていますが、それを有効にするには、儀式による活性化が必要とされています。

ニューメキシコ州北西部のチャコ・キャニオンをはじめ、聖地とされる場所の多くは、そのゆるぎない魅力を反映し、州や連邦の公園として維持されています。

また、軍部もこうしたパワースポットの有用性に着目し、近年になってこれらの土地のいくつかを使用し、リモートビューイング実験や、意志によって地球エネルギーを変化させ天候の変化や軍事作戦への影響を起こすなど、一連の技術についての広範な研究を実施しました。

いつの時代にも、さまざまな文化圏に存在してきたシャーマンや術者たちは、地上と天界の間にあって浸透性のエネルギー層が通過するところを聖地だと考えてきました。しかし近年になって、レイラインとは地球で最高のポテンシャルを表すパターンを備えたエネルギー層、つまり〝神性意識グリッド〟だと認知されるようになってきたのです。

神聖幾何学によれば、神性意識グリッドは生命の力、あるいは、プラーナやエーテルと連携し、十二面体を形成するとされています。十二面体とは、源泉から誕生したすべての形体が虚空へと回帰する前の、最も進化を遂げた神聖な形状なのです。

このエネルギー層は、最高位の霊的成就を遂げた存在により、長い時間を費やして造りあげられてきました。人類のたどる道は肉体の超越か、自らと世界の破滅のどちらかだと考えた高位の霊体は、グリッドを創造し、世界と生命体にポジティブな進化をもたらす元型《アーキタイプ》として機能させてきたのです。

グリッドのエネルギーが物理的世界に入り込むと、生命体と地球に最高の表現を与え、究極のアセンションを促進させる触媒となります。

核兵器や高周波ビームの実験は地球上のグリッド効果をほとんど打ち消してしまうと言われていますが、ここ数年、世界中の先住民のメディスン・マンとメディスン・ウーマンたちはグリッドの活動を維持し、近代都市が生み出す電磁界の渦を無能力化させるために尽力してきました。エネルギー・ワーク、つまり建物や土地を神性意識グリッドとつなぐ行為は、エネルギー表現の向上に寄与するのです。

水源と深く埋め込まれたエネルギー

水源は、それ自体がレイラインと重なり合っていることもあるので、水源のエネルギーを探索する作業に支障の出る場合があります。

地下水の流れの上に立てられたビルや家は多いのですが、対策を講じておかないと、建物のエネルギーの崩壊を招きかねません。なぜなら、地下水にのって外部のネガティブ・エネルギーが建物に流入すると、壁や床の中に深く根づき、害を及ぼすからです。都会でも田舎でも、毒性廃棄物を集積するような場所では、特に対策が求められます。

プラス面では、建物の下にきれいな水が流れていると、それがもたらす新鮮なエネルギーによって、ネガティブなエネルギーは絶えず洗い流されてしまいます。このため、世界の各地で、瞑想に用いられる場所は水流の近くに置かれています。

建物と場のエネルギーをバランスよく配置させる古代中国の風水術では、〝気〟と呼ばれる生体エネルギーの概念が用いられています。実際、標準中国語で「Feng」は風、「Shui」

は水を意味しています。

日本では、自然エネルギーは調和と全体性を促進するという考えに基づき、地形と水流が完全にマッチする位置に美しい仏塔が建てられています。

埋葬スポット

エネルギーがまだ残留している埋葬地の上や近くに建物を造った場合、エネルギー・ワークが必要となります。

こうした建物は頻繁に浄化する必要がありますが、アメリカ先住民の埋葬塚とみなされる場所の多くは、高い波動のポジティブ・エネルギーを発しています。これは、それらの埋葬スポットがレイラインに添って造られ、儀式のために使用されているからです。

埋葬地の上や近くに立てられた建物の例を挙げてみましょう。ウィスコンシン州レイクミルズ郊外のバプテスト教会のひとつは、開拓者たちの手で千年前の埋葬塚の近くに建てられ、現在はアズタラン州立公園の歴史博物館となっています。また、ミシシッピ州ポカ

ホンタスの教会は最も古い埋葬地に隣接していますし、ミシシッピ州のデルタ地帯の家屋群は、洪水の難を逃れようとした開拓者たちが埋葬地の上に建てたものでした。

埋葬スポットを浄化するには、まず、幽霊、精霊、その他の霊体と、どのような関係をもてばよいのかを学ばねばなりません。そしてそれには、ワーク技術の向上がさらに求められるのです。

幽霊と厄介な霊体

長い歴史を振り返ると、幽霊話には事欠きません。また、人々のもつ死への恐怖に便乗したホラー映画も毎年作られています。ヨーロッパやアメリカの古い町では、幽霊がよく目撃される地域に注目してもらおうと、〝ゴースト・ウォーク〟というイベントがよく催されています。
幽霊の存在が語り継がれてきたのも、故あってのことでした。たとえば、それが〝夜中に聞こえる奇怪な物音〟のようなものであったにしろ、幽霊の存在はこの世における紛れ

もない事実だからなのです。幽霊とは残留したエネルギーの破片で、古い家や天災に見舞われたような場所で目撃されます。

幽霊をそれと知らずに一生をすごすこともありますが、ひとたびエネルギーに対する感覚が研ぎ澄まされると、出くわす可能性は高くなるのです。

幽霊への対処法を知るには、まず、幽霊と呼ばれる存在の大半は、残存した生前のエネルギーの破片が発する複写パターンであることを理解してください。幽霊が生まれる根源となった存在はすでに息絶えているので、それ以上は何をすることもできません。

残留破片はテープのように粘着力があるので、切り裂いてから解放しなければなりません。浄化とは、ちょうど部屋に張られたクモの巣を取り除くようなものですから、きれいに片づけるには何度も繰り返す必要があります。

わたしたちの文化では、残念なことに、たとえば映画の中で霊体の恐さが強調され、邪悪なものとして描かれています。しかし実際には、死者の霊魂も含め、ポジティブ、ネガティブの入り交じった、溢れかえるほどの種類のエネルギーの中にわたしたちは暮らしているのです。

霊魂は通常、死後七二時間が経過するまで身体に留まっているか、周期的にあの世から肉体に立ち戻ってくるとされています。チベット仏教の習慣では、その時間が過ぎるまで、誰かが死者の横に座り、故人の旅立ちを正しく導く『死者の書』の経文を唱えます。亡くなったばかりの人について何かを言ったり考えたりすると、少なくとも七二時間、霊魂はそれを聞き取ることができるのです。

霊魂は長く留まることもあります。普通は数日のところ時に数年、あるいは数世紀にもわたる場合もあります。このような状態は、過去の存在を解放するための力を霊魂に与えれば解消されます。

このように〝迷った霊魂〟を解き放つことを、〝サイコポンプ〟と言います。サイコポンプとは、悪魔払いや憑物《つきもの》落としのようなものではなく、混乱している霊魂を解放する愛の技術です。これは、人の死や臨終に立ち合うことの多い治療家なら心あたりがあるはずですが、少しでも安らかな最後をお手伝いしたい、という心と通じています。

迷った幽霊は、建物の中では、心に痛手を負うような出来事が起こった場所でよく観察されます。屋外の場合は、ちょうど軒下に巣を作っていたハチと出くわしたような感覚に近いでしょう。遭遇したところでそれほどの危険はありませんが、霊体にいたずらをさせないためには、浄化を行い、高い波動レートを保つようにしましょう。

ある種の不安定なエネルギーは、人のオーラや肉体に入り込むこともあります。こうした力にとり憑かれるのを怖れる人もいますが、実のところ、その影響力はきわめて小さいもので、健康や幸せを脅かすようなことはめったにありません。

とはいえ、もし本当にネガティブな力が現われたり、迷える霊魂が留まり続けるようなことがあれば、こうしたエネルギーを扱い慣れたシャーマンなどに頼むのが一番よい解決方法です。

その他の霊的存在

遭遇する可能性のある霊的存在には、小妖精、妖精、小人などの名で知られる霊体や、地球外生命体、あるいは星間生物などがあります。ほとんどの霊的存在、とりわけ霊体は、正しくアプローチすることにより、建物ももちろんですが、特に土地の浄化を助けてくれます。

霊体は地球のエネルギーとその顕現——たとえば植物や水のような——に関心を払う存

在で、イギリス諸島では〝妖精〟、チェロキー族では〝小さい人々、ギリシャでは〝ドリュアス〟、ロシアでは〝レシエ〟、ユダヤ人の間では〝シェディム〟、エジプトでは〝アフリエ〟、アフリカ各地では〝ヨワフー〟など、あらゆる文化圏で呼び名をもっています。

スコットランドでのフィンドホーン財団では、こうした霊体と三〇年以上にわたり関わり続け、創設者の私庭で花と共生する小さな霊体や、地所全体に広がった偉大な精霊などが、どのように自然環境に働きかけるかを調べ、その研究成果を出版してきました。けれども、すべての妖精や小人たちが日常の雑事に甘んじているわけではありません。中には、相当強力な土地の精霊もいるのです。

ところで、霊体は、大衆文化の中では類型的な扱いを受けてきましたが、実際には、さまざまな見かけや役割をもっています。たとえばアイルランドには、ケルトの女神ダヌを題材とした、トゥアハ・デ・ダナーンという強力な神族についての伝説があります。精霊たちは、妖精や小人といったカテゴリーでひとまとめにされることが多いのですが、太古の昔、地球に移住してきた宇宙人の子孫だと信じられており、古代チベット人が〝ラー〟と呼ぶ存在とは、その能力や由来的に、偶然とは思えぬ一致がみられます。『チョジュン』と呼ばれる十三世紀の文献によれば、植物のない地球にやってきた〝ラー〟は、今では忘れ去られたサムテン・セという深い瞑想法を通し、植物と動物を造り出したとされています。アメリカ先住民の大半の文化にも、宇宙人についてのよく似た伝説があります。

小人（Elf）は一般的にはこっけいな存在として描かれることも多いのですが、実は強力な系図をもっています。その名〝エルフ〟はスカンジナビア語の〝アルファ〟（Alfar）に由来し、山、森林、水の精霊と関連しています。

このような霊体を感知するには、彼らのことを考えるとき、すべての先入観をぬぐい去り、自分自身の感性や感覚を信じるのが最適です。

霊体のもっているエネルギーの質はさまざまです。ポジティブなエネルギーをもつ霊体の場合は、そこに生息する植物や樹木に有益です。ネガティブなエネルギーをもつ霊体の場合、精神錯乱に苦しむアルコール中毒患者にみられるような悪夢の状況が生じます。

空間を浄化すると、ポジティブな霊体を引き寄せやすい環境が整い、ネガティブなものを追い払います。これは類は友を呼ぶのたとえとおり、悪い感情はそれを餌とする悪い霊体を誘い、良い感情は周囲全体の波動を高める良いエネルギーを引き寄せるからです。したがって、どんな霊的儀式を行うときも、恐怖に屈してはなりません。怖れの心はネガティブな霊体の餌となり、彼らをさらに強力にさせてしまうのです。実のところ、ネガティブな霊体のほとんどは無害ですが、それでも、おぞましい外見を装う方法や、自分たちの潜在力を高めるエネルギーの作り方は知っています。

恐れを起こさせる霊体に打ち勝つには、愛と笑いを生むことです。ポジティブなエネルギーはネガティブな霊体にとって苦痛であり不快なので、彼らを追い払うと同時に、ポジティブな霊体が引き寄せられるでしょう。

世界の文化を見渡すと、地球外生命体あるいは宇宙人は、これまで挙げた大方の霊体とは異なり、何千年もの間、さまざまな形をとって地球上で生きてきたことが分かります。たとえば、アメリカ南西部の岩面彫刻、シュメールの楔形文字板、古代エジプトのフレスコ画、そして中南米の文明の廃虚跡などにその姿が描かれています。

米国全土を揺るがせた、一九四七年のニューメキシコ州ロズウェルでの事件の虚実をめぐる騒動や、近年の〝円盤〟についての数多くの出版物などは、現在進行形で地球上に存在する宇宙人に向けるべき関心事から目をそらせることになっています。

今日の社会で、彼らの存在が〝本当だ〟と見なされるかどうかは大した問題ではありません。わたしたちの文化が承認するしないにかかわらず、彼らは現存し、わたしたちの存在するずっと以前からここにいて、そしておそらく、わたしたちのいなくなった後も存在し続けることでしょう。

宇宙人はエネルギー環境を作り変えることができるので、彼らがやって来たとき、その姿を見逃さないようにしなければなりません。これを前提として話を進めましょう。

彼らの姿は、シャーマン、予言者、神秘家がトランス状態に入ったとき、さらに、薬物や睡眠遮断、あるいはエネルギーの異常な合流によって変性意識状態《アルタードステーツ》に入り込み、知覚の扉が開いた人々により観察されることが多いのです。また、宇宙人がよく目撃される場所として、ある特定の地形、エネルギーの渦、火山や地震など強力な自然力のあるところ、地磁気の変動するところ、彼らと関連した構造物などが挙げられます。

そして、どうしたわけか、アメリカ南西部の砂漠地帯で特によく目撃されています。また、シャーマンが土地の浄化をしているときにもよく目撃されるのですが、トランス状態に入った人間に見つかった宇宙人は、かなり驚いています。

大衆的な文化では、宇宙人の扱いはセンセーショナルですが、それはたいてい恐怖と無知によるもので、実際には、べつに怖がる必要はありません。一般に彼らは、三次元的現実、つまり地上での雑事を避けています。ですから、たまにやって来ることはあっても、それは用事があるからで、それさえすめば去っていきます。

ほとんどの地球外生命体は、地上とは距離をおき、ただ観察したいと考えています。というのも、わたしたちの惑星、つまり地球は、彼らにとっても驚異に満ちているからです。みんなが宇宙人の存在を受け入れ、それを目撃したいという気持ちがつのれば、知覚も研《と》ぎすまされてきます。すると、エネルギーのさまざまな局面、とりわけ、建物や土地を神性意識グリッドにつなげるという、地球的あるいは宇宙的なエネルギー・ワークの効用、についての確信も深まることでしょう。

次元の扉

次元の扉（ポータル）とは、物質や霊体がある次元から他の次元に移行するときに通る渦のことで、この現象は、〝次元シフト〟と呼ばれています。

読者は、家やオフィスから何かがなくなり、どこに行ったか分からない、といった経験をしたことはないでしょうか？　それは次元の扉が開いたために起こった次元シフトの一例なのです。次元シフトは、振動の周波数が高いところで起こることもあります。次元の扉は、過去や未来のエネルギーを観察するのに役立ちますが、一方で、霊体がこちら側の世界に入って何事かが起こったり、物体が他次元に移行して消失するなど、問題を引き起こすこともあります。

とはいえ、物が消えても心配するには及びません。たいていの場合、それは元あった場所の近くから、いつか再び出現します。宇宙人や次元を往来する生命体は、次元の扉を通って三次元世界へとやって来ますが、そのほとんどは無害な存在なのです。

指導霊、天使、女神、パワーアニマル

指導霊、天使《エンジェル》、女神、パワーアニマルは、どれも人々に益をもたらす存在で、きちんとした関係を築けば、エネルギー・ワークを助けてくれます。

うれしいことに、近年、わたしたちの文化においても、彼らの存在はよく話題にのぼるようになってきました。この流れは、ホラー映画などの悪影響を中和してくれています。

指導霊

個人の指導霊はいつも身近にいますが、それを見ることができるかどうかは、その人のニーズと願望次第です。普通は、ひとつの指導霊が生涯付き添っていますが、人生の進路を左右する重大な決定を下すときなどは、それに応じて助けにやってくる指導霊もいます。それは、魂の兄弟《ソウル・ブラザー》や姉妹《シスター》──過去か未来の人生で親しい人──の場合もあれば、霊的進化を助ける役割をもったスピリチュアル・マスターかもしれません。

超能力者たちは自分の指導霊を感知する名人です。アメリカでよく知られた透視能力者シルビア・ブラウンは、自分の指導霊は南米系インディアンで、生前の名をレナという、と語っています。英国の有名な霊媒ドロシー・チティは、彼女が神とみなしている茶色のスーツを着た男、すでに亡くなったチャーリー叔父、そして現在の中心的指導霊であるリー・チンなど、多くの指導霊をもっているといいます。

超能力者でない人は、夢見状態で指導霊の姿をチラッと目の隅に捉えたり、すぐ近くに自分を後押ししてくれる存在を感じられるかもしれません。もし突然、誰かが側にいるような直感を得たら、そこにはあなたの指導霊がいるに違いありません。

わたしたちは周囲の出来事を気にかけないことに慣れきってしまい、何かを見たり感じたりしても、それはきっと勘違いだと自分を納得させてしまいます。しかし、突然何かを思いついたり考え直したりするのは、指導霊の導きによることが多いのです。

指導霊は、評価や感謝を求めて愛や助けを差し出してくれるのではありません。彼らは偉大なる師として、その叡知でわたしたちの進歩を助けてくれているのです。ときには、わたしたちの求めに応じ、必要な技術分野の専門的知識をもった指導霊が名乗り出ることもあります。精神的長老《スピリチュアル・エルダー》からなる評議会や、天の摂理に導かれた光の存在も、わたしたちの求めに応じ、力を貸してくれることでしょう。

天使

指導霊は援助や相談に乗ってくれる存在ですが、愛にあふれた慈悲の巨大な源泉や高い次元からの指導は、天使を通す必要があります。

ほとんどの西洋人にとって、天使は、宗教的物語でおなじみでしょう。聖書に記された、懐疑的な人々の前に現われた天使やキリストの誕生を知った三賢者のように吉報がもたらされる逸話群、また、ライオンの住処にいるダニエルを救いにやってきた天使、などはよく知られています。

これはクルアーン（旧表記はコーラン）でも同様で、アラブ語でマライカと呼ばれる天使の話で溢れています。

何千年も前から信じられてきた天使の存在も、今では忘れ去られてしまいましたが、これは思いやりの心がマインドに、そして慈悲がエゴに征服されてしまったことを表しています。そんな中、ドリーン・バーチューという作家によって驚くべき現代の天使目撃譚が著されています。

天使は、光のエネルギーから成り、どんな形にも姿を変える能力をもっていると信じられています。そして、一心に助けを求めれば、あふれるばかりの純粋な愛と叡知を授けてくれるのです。

光のエネルギーの具象化である天使は、自らをさまざまな役目につけていますが、その多くは奇跡と関連しています。

また天使は、造物主の使者としてわたしたちの人生の旅を助けるために奉仕し、守護者として技能と理解の向上を助け、赤ちゃんを授けてくれる精霊にも力を貸しています。さらに、浄化の儀式にあたっては、エネルギー変容のサポートもしてくれる存在なのです。

人は誰でも〝守護天使《ガーディアン・エンジェル》〟と共に誕生しますが、その後、時と場合に応じ、その状況にふさわしい天使もやって来て、人生に新しいエネルギー、出来事、人間関係がもたらされるよう導いてくれるのです。

特別な任務を任された天使たちは、わたしたちのこころを開いたり、良くない感情を変化させ、目的が定まり充実した人生が送れるよう援助してくれます。

わたしたちは誰でも、時々、天使から〝タッチ〟されているので、それが分かるようになりたいものです。天使がやって来ると、愛に包まれたように感じるでしょう。それはちょうど、暖かい光を放つやわらかな羽根にくるまれ、とても安全なところにいる感覚です。天使が近くにいると、光はさらに輝き活気づくので、よろこびの涙が湧き上がるのを感じるでしょう。天使の存在を知る手がかりは、まるで神の源泉に分け入ったような知覚を伴う、穏やかさ、安心感、愛の感覚です。

女神

女神のエネルギーは強力です。そしてその効果は、突然、劇的に発揮されたり、微細で長く続くこともあります。女神には、聖地、山、谷といった特定の場所と関係しているものもあれば、同時にさまざまな場所に現われ、過去、現在、未来と時を超越して存在するものもいます。

自己の進歩や創造力の向上をめざすには、女神が出現したいと思うような空間――一般に、高い波動をもち、浄化がなされた場所――を作るとよいでしょう。

女神が好むのは、山、川、平野、静かな森林など、パワーがたくさん蓄えられた地形です。しかし、女神と出会うために、わざわざそんな場所に行く必要はありません。それよりも、愛を込めて、女神が現われやすい空間を育むとよいでしょう。

たとえば、樹木からの授かり物として入念に選んだ木を焚いて、神聖な火を作ることです。炎や煙の中に、女神は、たいていは小さく、しかし時にはとてつもなく大きなヴィジョンとして現われます。このような火のヴィジョンは、何千年にもわたり、さまざまな文化で経験されてきました。

たとえばチェロキー族は、〝ウースティリースク〟と名付けられたヴィジョン法を用い、メディスン・マンの道を歩みはじめた若者たちを助けてきました。しかし、これは誰もが使える方法でもあるのです。

聖なる空間を作るには、川から選んできた一三個の石（ストーン・ピープル）を用います。その石を環状に並べ、その中心で崇拝の念をもって選んだ木を燃やし、時を忘れ、内に起

こるヴィジョンを待ちます。また、それに先立ち、何日間かの断食をするのが普通です。女神のエネルギーとつながるには、祭壇を作るという方法もあります。大きな場所はいりません。部屋の片隅の鏡台か棚が置けるくらいの場所に、女神の像、石、葉っぱ、小枝など、女神の宿る場所や目撃される場所にゆかりのある象徴を置けばよいだけです。この祭壇は、毎日の生活の中で、女神のエネルギーや指導を授かったり、ヴィジョンを得るための神聖な場所として用いるとよいでしょう。

心、目、耳を開き、つながることを熱望する気持ちがあれば、女神はいつもわたしたちと共に存在しているのです。

パワーアニマル

人はだれでもパワーアニマル、またの名をトーテムと共に誕生し、生涯を過ごします。彼らは何にも依存せず、目的によって姿を変えながら指導や守護をしてくれる、なかなかの敏腕家です。たとえば、子供の世話するときは、テディベアのようにかわいい生き物として現われますが、子供を危害から守るときは、グリズリーのように猛々しい姿をとることもあります。産まれたときから一緒にいる中心的なトーテム以外にも、一生の間にはいくつものパワーアニマルが行き交います。
どんなパワーアニマルも宇宙パワーの現われですから、できないことなどはありません。たとえもしあなたが道を誤っても、それを正してくれます。ですが、彼らの一番の仕事といえば、直観という形のメッセージを用い、姿を現すことなく、あなたの指導と守護を行うことなのです。

シャーマンのヴィジョンによると、指導霊、天使、女神、パワーアニマルは超現実世界という異なった階層に存在し、そこから人間にアクセスしているとされています。一般に、どの文化に属するシャーマンも、存在のレベルを、下界、中界（人間界）、天界の三つに分類しています。

下界は、西洋社会では地獄と目されていますが、シャーマンたちの考えでは、山があり、牧草地が広がり、川も流れるといったように、ほとんど地球と同じようなところで、そこにはパワーアニマルが住むとされています。

中界とは、地球の表面そのものをさし、わたしたちはその空間の中を、指導霊、天使、女神と分かち合って暮らしているのです。中界はわたしたちには普通の世界ですが、シャーマン、予言者、幻視者たちの直観的な体験によると、場所や物体がそれ以外のものより大きな力をもつ世界であるとしています。

天界とは、最高位の指導者が住み、指導霊、天使、女神、パワーアニマルが、わたしたちと共生する場所です。人が死ぬと、霊魂は天界の〝宇宙の亀裂〟に達するまで移行し、そこから生命の源泉へと戻ります。

さらに付け加えるなら、地球上のレイラインが地表を交差しているのと同じように、その表面には多くのグリッドが重なり合っていて、さまざまな機能をもつ幾何学的な形を作っています。科学者たちはこれらのグリッドを、ヴァン・アレン帯のようなものではないかと捉えましたが、予言者たちは、すべての生命体の現在から未来にわたる人生が含まれた形態形成場、つまりアカシック・レコードが含まれていると考えています。

シャーマンや予言者は三つの階層にまたがる超現実世界を読み取る特別な能力をもっていますが、自分の周囲の物質や空間のエネルギーを読み取るだけならば、誰でも習得することができます。

これを言い換えると、能力の開発とは、エネルギー・パターンについての気づきを向上させるということです。わたしたちは何が見えるもので、何が見えないものかを教え込まれてきたので、先入観によって知覚がコントロールされていることを知らねばならないのです。

一九六〇年代、ティモシー・リアリー博士はＬＳＤを用いた実験を通し、リアリティの本質と、人間の心に実際には何が起こるのかについて研究しました。しかし、博士が誠心誠意行ったこの調査も、当時の流行り言葉、「波長を合わせ（チューン・イン）、社会に背を向けよう（ドロップ・アウト）」のせいで色あせてしまいました（子供の頃にすり込まれ、ＬＳＤ等による意識の変化がなければ変わることのない〝リアリティ〟を、わたしたちはどのように創りあげ機能させているのか、についての興味深い考察は、彼の著書『チェンジ・ユア・ブレイン』〈Change Your Brain〉を参照）。

リアリティとは何かについてのリアリー博士の結論は、わたしたちは他者との合意のうえに自分の〝リアリティ〟を形成し、この概念に適合しない感覚の入力を排除しているというものでした。

ここ二、三十年の研究は、映画『私たちは一体全体何を知っているというの!?』（What the Bleep Do We Know?）で描かれたような、新しい世界の見方を数多くもたらしています。

今日の理解では、わたしたちは誰もが自分の中に〝メタプログラマー〟をもち、それが感知した生データを選別し、文化的な刷り込みに適合したリアリティを脳内に投影して視覚化するのだとされています。

リアリティが内包するこの種の先入観は、感知能力を高めることで克服できます。見えるはずのないものを見ることを自分自身に許すことで、わたしたちの知覚は拡大し、時間を超越した物体、存在、エネルギーが見えることでしょう。つまり、普通の三次元的リアリティではなく、それに取って代わる非日常的リアリティ《ノンオーディナリー》なのです。

一九六〇年代の人々はこの状態を「目隠しを外す」と呼び、ドラッグの摂取を通じて実現していました。けれども、知覚を拡大するにはドラッグは必要ではありません。六〇年代のサイケデリック体験に必要とされる物質は脳内で自然に生成されるからです。知覚のドアを常に開いておくことは大切ですが、サイケデリック・ドラッグは「目隠しを外す」どころか、通常の視覚を超えたリアリティを見せるので、ドアを吹き飛ばしてしまうのです。

ドアを開けておくには、恐怖をのり越える力量が求められます。そしてそのためには、自分の指導霊、天使、女神、パワーアニマルへの信頼を学ばねばならないのです。

ドアを開き知覚力を高めるには、直観を活性化する練習が必要です。もし非日常のリアリティからやって来た何かをチラリと見ても、あなたの理性が自動的にその存在を無視してしまうようであるなら、もう一度そのイメージを捕らえ直さなければなりません。

近年、科学者は脳に電気刺激を与えることによって起こる生理機能を解読しはじめ、予言者、神秘家、シャーマンらが使う脳内の直観部位は、視覚化（【エクササイズ2】参照）、白日夢、夜の夢見などのイメージセンターに隣接しており、指導者をつけた瞑想を行うことで、これらの部位が開くことを明らかにしました。実践を積み重ねれば、それはたちまち活性化するというのです。

エクササイズ2

視覚化する

視覚化は、閉じ込められたエネルギーの解放に欠かせないテクニックのひとつで、あなたと自分の直観を同調させてくれます。

①視覚化を始めるには、まず、気を散らすもののない静かな場所で横になりましょう。心

地よくなってきたら、目を閉じ、呼吸に意識を集中します。

さまざまな考えが頭の中を駆け巡るようであれば、あなたの内なる〝声〟が静まるまで、もう一度呼吸に焦点を合わせることです。先住民のたたく太鼓の音や、クリスタルボウルから発する心安らぐ音色など、快適な音楽を聴くのもよいでしょう。

②リラックスした状態で、あなたがよく知っている場所をイメージし、その場所を訪問している気になってみてください。
たとえば、それが自分の部屋だとして、あなたがそこにいる姿を見たり感じたりしましょう。部屋のにおいにも注意し、まわりを見回して、椅子、テーブルその他、家具の配置を観察してください。それらのものは、あなたにどんな感じを与えますか？　細かいところまではっきり見えていますか？　それともぼんやりしていたり、ほとんど何も見えないのでしょうか？　物に自らを表現させることで、これまであなたが気づかなかった特徴を明らかにさせてみましょう。

③この訪問を充分堪能したら、目を開け、あなたの心に浮かんだことをできるだけ細かく思い出し、それを書き留めてください。

④この後、なるべく早くその場所に行って、実際の様子をていねいに確かめましょう。

おそらく、視覚化されなかったものがあったり、実物と比較して大きさの違うものもあったことでしょう。

あなたが本当にその場所を〝知り〟、物理的リアリティと内的感覚の違いを楽しめるようになるまで、この練習を繰り返してください。

視覚化が上達したら、こんどは場所を変えてやってみてください。練習を重ねれば、あなたの中心により多くのリアリティが見えるようになります。なぜなら、直観、あるいは〝透視〟の力が向上するからです。上手くいけば、あなたは指導霊、天使、女神、パワーアニマルなどと出会い、挨拶を交わせるかもしれません。

エネルギー・ノートブックから

夢見の力

夢を精神力と洞察力の空間へと導く方法を学べば、個人の成長がうながされ、ひいてはエネルギー・ワークの技術も向上し、閉じ込められたエネルギーを解放する準備が整うことになる。

一例を挙げると、二〇〇三年春、わたしはエネルギーと霊体の助けを借り、その後の生活を一変させることになった強力な夢を見ていた。夢の中でわたしは、自分の大好きな場所、オクラホマ州、ニューメキシコ州、コロラド州の交わる場所にある、ブラックメサの山頂五〇〇〇メートルにいる自分を見ていたのである。

そこにいたわたしを目がけ、わたしのパワーアニマル、狼とその仲間たちがいっせいに駆け寄ってくると、恐ろしい牙をむき出した。わたしはその光景を上方から眺めていたが、狼たちはわたしの身体をバラバラに引き裂き、骨を砕きながらがつがつと食いはじめ、そのあと残骸を吐き戻した。狼たちが去った後、わたしは血まみれとなった亡骸を見続けていたが、そこに残された心臓はまだ脈打っていたのである。

その心臓の周辺では、季節の移ろいにしたがい、春には草の芽がふき、夏には太陽が強く照りつけ、秋には落ち葉が舞い散り、風の音がうなる極寒の冬には蒸気が立ち上るのであった。そして、「お前の心臓はブラックメサで見つかるだろう」と語りかける声が聞こえてきたのだ。

狼や心臓の鼓動を見守るというメサの夢を何度も見ているうちに、わたしは精霊のお告げに身をゆだね、ブラックメサに行って精神探求の旅を決行しなければならないことを理解した。この旅に先立ち、夢はわたしに、「メサに登る時、おまえは二つの心臓をもち、下る時には一つになっているだろう」と語っていたが、旅はまさにそのとおり進行したのである。ブラックメサに旅立とうとするわたしは、当時、多くの問題を抱え葛藤していたので、〝二つの心臓〟をもっていたのだ。

結局、わたしはメサで四日間を過ごし、そこで大地の精霊について多くを学んだ。風に精霊の声を聞き、雨のように涙し、雷のように考えたわたしは、稲妻のごとき洞察力を獲得し、自分の声はまさしく神の声となって大地にこだましていた。

わたしはその土地の霊体と地形のエネルギーだけに心を集中させ、ついに、風、岩石、樹木と一体化を果たしたのである。

降り注ぐ金色の陽光が感じられた。空はただ青いだけでなく、波打つような振動を発し、目に入るすべての色は自信に満ちて輝いていた。目も耳も口もない石でさえ雄弁になり、すべてがひとつであった時代の話を、わたしの心に直接語りかけてきた。そして砂漠の静寂は、自分ひとりのマインドでは到達できない叡知で満たされていたのである。

こうしたすべては、その土地のパワーと清らかさが、わたしの身体の隅々まで行き渡るような体験であった。魂は無数の破片に砕け散り、岩、空、植物、鳥、空気らと共に存在していた。

つまり、生きとし生けるものと永遠の血族関係をもつ神の導きにより、すべてが変容を遂げ、新しい存在として生まれ変わったのだ。万物のもつ神性を見ることで、自分自身の神性に気づかされ、この神聖さはすべての命が造物主と分かち合っていることに思い至ったのである。

そして最後の日、頂上から降ろうとするわたしの耳に、霊朋《れいほう》（岩、木、水などの精霊）の声が聞こえてきた。それは、願えばいつでも力になってくれる力強い自然界の精霊であった。

突然わたしは、狼の頭の形をした小さな石がそこにあることに気づいた。前述したように、最初、メサに登ったとき、そこにはわたしを食べてしまう二匹の狼、つまり対立を象徴する力があったが、今、降るときには一匹になっていたのである。

この霊朋からの贈り物に、わたしは感謝を捧げた。

夢のもうひとつの体験は、砂漠地帯にあるホピ族の土地で、わたしが霊的な探求をしていたときのことである。

月と満天の星空の下、毛布にくるまってうたた寝をしていたわたしは、一人、また一人とやってくるカチーナ（ホピ族の崇拝する超自然的存在で、霊界とのメッセンジャー）が、彼らの由来や援助を請うときの呼び出し方を語り、内観と祝福を与えてくれるという強烈なヴィジョンを得たのである。この体験は、強力な夢に意識を傾け、その夢の内容から内観を得て、日常の直観力を向上させることの価値を痛感させてくれたのである。

夢はわれわれを生涯導き続け、また、大地の精霊を自分の協力者にできる所へと誘うことができるのだ。こんな成長の機会をしっかり受け止めれば、人生の目的はさらに明確さを増すだろう。夢は誰でも見る。もしその内容をしっかり捉えることができたなら、自分自身を知り、精神的生活を向上させる方法を学ぶことも可能となるのだ。

夢の記憶の仕方とコントロールの仕方

①夢を記憶し、その内容を有益に使えるようにするには、まず、ベッドの側にメモを用意

しておくとよい。そして眠りに入る前に、「わたしはすべての夢を覚えていて、起きたらすぐにそれを書き留めるのだ」と自分に言い聞かせるのである。

毎日それを繰り返していると、そのうち、夢を自動的に思い出せるようになるだけではなく、意識的に夢に関与できるようにもなる。ここまで来れば、夢の意味についての洞察も深まり、意識の力もさらに高まることだろう。

②夢に関与するには、カルロス・カスタネダが師ドン・ファンから学んだシンプルで効果的なテクニックを使おう。それは、夢を見ているとき、自分の手を探すという方法だ。もし手を見つけることができれば、それこそ、まさに夢をコントロールできた証拠なのである。

この力がマスターできれば、大地の精霊との交流など、他の能力の開発にもつながるのである。

Review

第2章の復習　閉じ込められたエネルギーを解放するための準備

①万物の神聖さに敬意を払う。

②見境なく自分の意志を押し通すのではなく、何がなされるべきなのかを問う。

③指導霊、天使、女神、パワーアニマルが、あなたを導き保護していることを信頼する。

④夢のヴィジョンを用い、自分を救う。

Chapter
3

第3章 大地の精霊との出会い

ナマステ
（わたしの内に御座《おわ》す神は、あなたの内に御座す神を讃えます）
——サンスクリット語の挨拶——

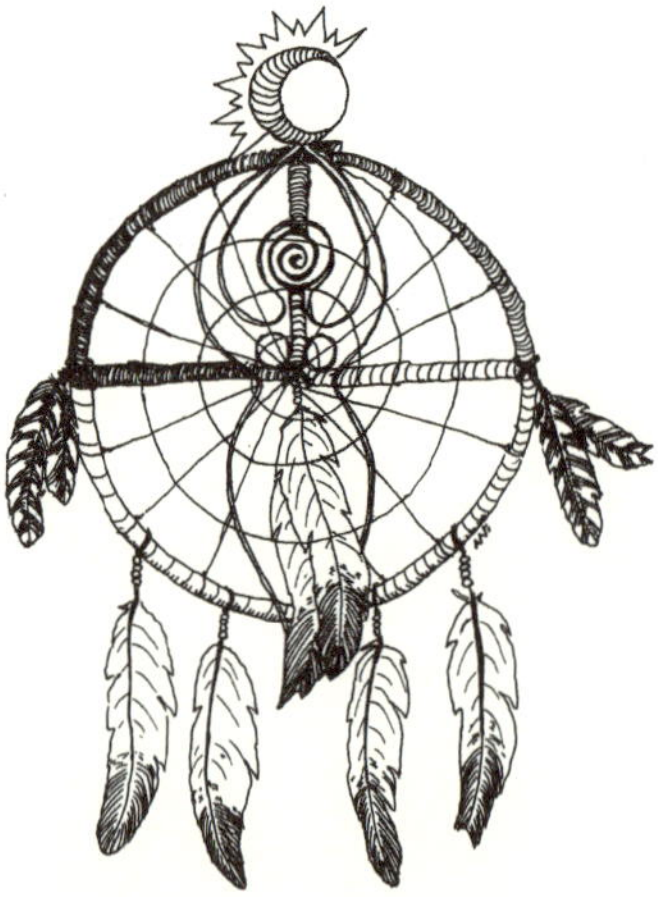

大地とそこに宿る精霊たちによる豊饒と奇跡に、崇敬と感謝を捧げることにより、善き思いは強化され、地上の全存在は神性を余すところなく発揮できる力を与えられるので、精霊と人間は互に活性化し合うのです。つまり、人が敬意と感謝で受け入れられると満ち足りるように、環境のポジティブ・エネルギーを強めると、大地も感謝の意を示そうと力強く応えてくれるのです。

わたしはさまざまな場所で儀式を行ってきましたが、精霊たちが贈り物を残してくれることがよくありました。

たとえば、海岸の近くで水の精霊と大地の精霊の助けを受け儀式を行ったときには、儀式が終了し、わたしが自分の毛布を拾い上げると、そこには美しいカモメの羽根があったのです。山で行った儀式の後には、わたしの薬草入れのカバンのそばから、どこからともなく、完璧な形の水晶が現われました。

またある日のこと、ビル全体のエネルギー・ワーク終え、帰り支度をしながらふと空を見上げると、壮大な虹のアーチが架かっていたのでした。

大地の精霊と出会うには、身体、心、魂のすべてをかけて一心に祈らねばなりません。すると、自らの存在は神性の源泉とつながり、精霊の存在を受け入れることができるので、精霊たちが呼び起こされるのです。そして、このような出会いを元にして生まれた儀式は、自然エネルギーを活発化する作用をもっているのです。

大地の精霊はいつもあなたと共に在ります。しかしそれを感じ目にするには、精霊を受け入れる心と、彼らを活性化する方法を知らねばなりません。

古代には、ちょうど現代のわたしたちがテレビや映画の有名人を見るようにはっきりと、あらゆる文化圏で大地と結びつきのある神々が目撃されていました。たとえば、マリリン・モンローのような強力な偶像なら、たとえ死後四〇年以上が経過し、出会ったこともないのに、メディアを通し、すぐに彼女を見分けたり、私生活の詳細まで知ることもできます。

これと同様に、神のエネルギーも人類の集合的記憶に永遠に刻み込まれています。なぜなら、エネルギーはその形を変えることはあっても、決して滅びることはないからです。意志が一度エネルギー・パターンとして出現すると、変容することはありますが、存在が消滅することはありません。

自然と関連した神や女神の元型《アーキタイプ》として、アメリカ先住民文化では生命を維持する「とうもろこし娘」、英国文化では大地の恵みをもたらす「グリーンマン」、エジプト神話では春に植物の芽を出させる再生の神「オシリス」、などが知られています。それぞれが人間のニーズに対応した働きをもち、文化に則した形体をとって表現されているのです。

霊体が現われる場所の潜在エネルギーを理解し、感知能力を高めることは、大地の精霊と出会うための欠かせない要素です。たとえば、視覚を超えた感知力を用い、精霊との交流に熱心な人々がいたおかげで、今もマヤの人々には生き神としての女神イシュ・チェルが存在し、中国人仏教徒には観音という一人の菩薩が生き続けています。強い意志をもって精霊とのパイプ役となる方法を追求し、聖なる態度で土地と接すれば、大地のエネルギーはそれに応え、ふさわしい神を出現させることでしょう。

神と出会うことの可能性について疑いがあると、その存在を感じることは難しくなります。このような心の歪みは、多くの条件が重なった結果かもしれません。

近代社会には、リアリティについて二つの信仰があります。触れて感知できるものがリアリティだ、言い換えれば、見たり触ったりできなければリアリティではないという考え方と、大多数の意見を元に何がリアリティかを規定するやり方です。

たとえば、最初のヨーロッパ人がアメリカに到着したとき、原住民には海岸に舫《もや》いである大きな木製の船が見えなかったといいます。つまり、彼らがリアリティを認識する枠組みには、そのような物体が存在しなかったからです。

しかし、一人のシャーマンが水面に起こるさざ波を見て船の姿が見えるようになると、それ以降、他の人々にも見えるようになりました。船が揺れて起こったさざ波が、シャーマンに、〝何か〟がいつもと違うことを知らせたのです。

つまり、〝目隠し〟を外し、思考の基準となる枠を広げ、他の可能性を考慮に入れることを自分に許した段階で、やっと彼は船を〝見る〟ことができたのでした。一度見てしまうと、そのイメージは彼の意識に入り込み、種族の全員が船を〝リアリティ〟として見られるようになりました。

大地の精霊に出会うにも、これと同じく、〝見る〟という務め（体験）を果たさねばならないのです。

エネルギー形体の異なる存在、たとえば「神」などを意識することで、その存在は視覚的な現象をとることができるようになります。それはちょうど、子供たちが書物の上の曲がりくねった線を文字として理解することを学ぶのと同じで、エネルギーの綾なす微細なパターンに心を開き、神とのつながりを確信すれば、大地の精霊との出会いも習得できるでしょう。

同様に、誰かが意識の中にある目的や観念を抱いていると、それはもっと大勢の人々にとってのリアリティとなる可能性があります。たいていの場合、誰かが口にするだけで、それはリアリティとなるのです。こうした啓発的な瞬間が訪れないかぎり、UFOは雲に、そして精霊は霧に、いつまでも間違えられたままであり続けるしょう。

集合的な意志の力は、古いエネルギー・パターンを出現させる強い力をもっています。幾百幾千年もの間、姿を現さず、眠れる女神と呼ばれるような神々でさえ、適切な状況と大勢の人々の意志があれば、それに呼応し、再び現われ出るかもしれません。ちょうど、一二年毎にインドで行われるクンブメーラの祭典で、何百万というヒンズー教徒がガンジス川とヤムナ川の合流点に集まるとき、奇跡が顕現するように……。

こうした奇跡は、レイラインの近辺のようにもともと充分に高い波動のある場所や、集合的意志によって波動レベルが高められたとき、現われやすいのです。集合的意志が生んだポジティブ・エネルギーはネガティブ・エネルギーを消散させ、すべての存在に対する心からの敬意を育むのです。

神のエネルギーを感知する

大地の精霊との出会いを可能にするには、それらの存在を確信すると同時に、彼らがもっている偉大な潜在力——人がより創造的でバランスのとれた健康的な生活を送るための援助——を信じることが不可欠です。

精霊が現われるとき、その姿かたちはさまざまですが、感覚器官のいずれかを用いてそれを捉えることができます。彼らは三次元的現実世界には存在していません。というのも、わたしたちの知覚は精霊に向けて開かれていないからであって、普通は、間接的に見たり感じたり聞いたりしかできないのです。

たとえば、キャンプファイアーから立ち上る煙の中に姿を見たり、風の音に声を聞いたりできるでしょう。あるいは、皮膚の感触としてその存在を感じたり、ただそこに居るのが〝分かる〟ような感覚かもしれないのです。また、彼らからのメッセージは、頭上を飛ぶ鳥、波打つ水など、自然界の現象の中にも見ることができるでしょう。

しかし、わたしたちの習慣的な認識のパターンが変化しない限り、こうした兆候も感じとれないので、「見える、見えない」と焦ることなく、心を静寂に保たねばなりません。すると精霊たちは、直観やイメージを通じ、あなたの内的領域に直接語りかけることが可能になります。

わたしたちがこれまで学んできたリアリティは、真のリアリティのほんの一部にしかすぎません。

そして、神のエネルギーを感知するには、習慣的な認識パターンを超越しなければならないのです。どんな固定観念や習慣も確立されていない子供の頃を思い出してみてください。新しい発見の連続に感じた驚異の数々、現実の友人と心の中に住んでいた想像上の友人のこと、個性豊かな動物たちとの交流など、自分を取り巻く環境のすべてがどれほど生き生きしていたかを思い起こしてみましょう。

繰り返しますが、感知力を制限する先入観は脇に置き、この世界を鮮烈で生き生きと見ることのできる自分になれるよう努力してください。

また、これは良くてあれは悪いというものの見方は社会的な条件付の結果であり、人を断定的にすることも理解してほしいものです。万物の価値を同等とみる造物主には、そんな両極端は存在しません。虫、トラ、花、人間など、どの命も等しく貴重なのです。なぜならそのいずれにも、造物主の愛が満ちているからです。

メディスン・マンが虫とたわむれながら雨を降らせるとき、彼は、雲も虫も人間も地球もすべてはひとつだという理解のもとに、造物主のパワーと愛を活用しているのです。

もしわたしたちが社会的に条件づけられた頭で判断することを止め、心と身体のすべてで見ることを学べば、大地の精霊との出会いに一歩近づくことになります。内的世界を外的世界に反映すれば、エネルギーの全領域に到達できるのです。

野生の魂（ワイルド・スピリッツ）と霊朋の探索

霊朋《れいほう》――岩、木、植物、水などの精霊――（日本では「海彦」「山彦」といった霊的存在に相当する。＝解説者注）は、大草原、砂漠、森林、山といった荒野や、水と陸地の出会う場所で、心を大きく開いて探せば、たやすく見つけられるでしょう。シャーマンたちは荒野に分け入り、数千年の間、霊朋を探してきました。人間の生み出す騒音は精霊

の出現をむずかしくしていますが、彼らの本来の生息地を探せば、発見も容易になるからです。

水の汚染、木の伐採、山の整地などで荒野が乱され傷つけられると、地球そのものが損なわれ、生物全体にも危害が及びます。地球環境は人間のせいで破壊され続けているので、荒野に住む精霊たちのパワー、現われる回数、そして数自体も減少しているのです。反対に、荒野に敬意を払うなどしてエネルギー・レベルを高めれば、精霊も活気づくので、人間の破壊行為による弊害を少しは埋め合わせることができます。

ところで、霊朋と出会うには、なにも荒野に深く踏み入る必要はなく、機械化された生活の中心地からほんの少し外れればよいのです。

霊朋の出現を祈願するには、きちんとした態度が必要です。なぜなら、精霊たちのエネルギー・パターンは、この熾烈《しれつ》な三次元世界で物質的な形をとって存在し続けるだけの充分な力を備えていないので、まず彼らにふさわしい環境を整えなければならないからです。

霊朋はエネルギーを交換することで、物質世界に姿を現すのです。つまり、人間が受容的（女性的）エネルギーを与えれば、精霊は表現的（男性的）エネルギーにより自らの姿を明らかにするのです。霊朋は、人が自らの意識にその出現を願う思いを強く刻みつけることで現われるのですが、こうした方法も今日ではほとんど忘れさられてしまいました。

現代人は、何かを調べる方法として、本やインターネットを用いることができます。一方、昔の人は、霊朋に答えを求めていました。つまり、霊的な存在とは、知識を収蔵した巨大な倉庫の番人だとみなしていたからです。ですから、たとえば病気を治したり儀式に用いるための適切な植物を、霊朋に教えてもらっていたのです。

アマゾン川流域のシャーマンがアヤファアスカという植物の特性についての情報を得たのは、まさにこの方法でした。もしシャーマンに、八万種におよぶ植物の中から、アヤファアスカには幻覚をもたらす特性があり、しかもヴィジョンを見ることも可能にすると、どうして分かったのかと尋ねれば、彼らはこう答えるでしょう。「植物がそう言ったのだ」と。

霊朋は独特の音を立てるので、経験を積めば、その存在を見分けられるようになります。彼らの立てる音は〝自然〟ではあるのですが、どこか風景とはそぐわないので、よく気をつけていればそれと感じとれるのです。

たとえば、**ジャングルの奥深くや静かな木立などに宿る森林の霊朋は、時計のような「タク—休止—タク—タク」という音をよく立てます。**オーストラリアのアボリジニや南アメリカの熱帯雨林の原住民は、この音をまねた〝カチッという音を立てる小枝〟を作り、霊朋を引き寄せる手段としています。

砂漠や大草原で霊朋を見つけるには、虫がブンブン飛ぶような音に注意すればよいのですが、霊朋は虫に比べかなり大きめの音を立てます。アボリジニやアメリカ南西部の砂漠地帯の住民は、平たい棒に弦を張り、それをすばやく振り回してこの音を模倣し、雨乞いをします。

また、風のような音を立てる霊朋もいます。**うなじの毛が逆立つ、感覚が過敏になる、恐さを感じる、などの兆候があれば、あなたの側に霊朋が来ているのです。**

霊朋に出会うとき、あなたが示す態度や感情により、彼らの能力や助けようとする意欲が決まります。

霊朋を見て恐れを感じるのは神経系の自動的な反応なので、それ自体はまったく自然ではあるのですが、彼らを引き寄せたり引き止めておくには、うまい感情とはいえません。恐れはネガティブ・エネルギーなので、彼らを追い払ったり、怒らせてしまうことになるからです。

シャーマン流に言えば、実はこの感情は恐れではなく、身体をきつく締めつけているエネルギーのコードが、わたしたちとリアリティを縛りつけているからなのです。しかし合理的なマインドは、敵を切り刻む剣のような恐れのエネルギーを送り出すので、これが霊朋の気分を害したり怒らせたりするのです。

この事態を避けるには、もし霊朋が近づいて来たのを感じたら、意識をハートにスイッチするのです。ハートは愛しか知りません。こうして、霊朋は引き寄せられ、あなたは霊朋の盟友にもなれるから、必要であれば助けを求めることもできるのです。

霊朋が人間の元にやって来るのは、実は彼らは人に興味をもち、何か役に立ちたいと思っているからです。彼らは人間に投影された自分の姿を見て、どれほど役立ったかを判断するので、人間の振舞いを真似しようとする傾向があります。

この習性に気づいた魔術師は、数千年にわたり、霊朋たちを捕まえ利用しようと企んできました。魔術師は霊朋に彼らの考えを強く印象づけ、思いどおりに操ろうとしていたのです。けれども、このやり方には危険がいっぱいです。

まず第一に、魔術師は個人のパワーを用いて霊朋を捕らえ、逃がさないようにしているので、そのうちに霊朋を自分の思いどおりにできるといううぬぼれが生じることです。また、霊朋は自分の力が誤った目的で使われたり充分に活かされていないと察知すると、そんなやり方をした人間の一生を辛《つら》いものにすることもできるのです。

荒野で霊朋を見つけたら、真心を込めて接し、自由にさせておくのが一番です。そうすれば、その霊朋とあなたは、有益な形でエネルギーを分かち合う真の盟友となれることでしょう。


土地の浄化を行うには、霊朋に不安を与えることのないよう、感謝と敬意をもって迎え入れ、土地を精霊で満たし生き生きと保ってくれる働きを讃えることです。このようすれば、環境を調和させる強い力として霊朋を〝利用〟することも可能になり、その結果、災厄を除き、動植物の波動レートを高め、守護霊としても仕えてくれるようになります。

あなたと霊朋が協働し、万物に恩恵をもたらすには、毎晩の祈りの時間に、言葉を用いず、心の中のイメージと感情に焦点を合わせ、意識をハートに移動させる練習をしてください。うまくいけば、祈りがさらに強力になるだけではなく、建物や土地のエネルギーを変容させるあなたの能力も向上することでしょう。

自分のパワーアニマルを見つける

パワーアニマル――またの名をトーテム――（日本では「龍神」や「稲荷神」に相当すると考えられる。＝解説者注）には、精霊の指導や守護を媒介する機能があるので、それを用いると、土地や建物のエネルギーを変容させる浄化作業に役立ちます。

誰でも同時に複数のパワーアニマルをもてるのですが、実際にはひとつの人がほとんどで、その代わりに、同じような役割を果たす霊的ヘルパーをもっています。

自分のパワーアニマルを見つけるには、瞑想など、いくつかの方法があります。また、シャーマニズムを習得した人に助けてもらうのもよいでしょう。シャーマニズム研究財団では、アメリカ国内の各地でワークショップを行い、パワーアニマルの理解、探し方、情報の収集法などについて、レクチャーを行っています。

非日常的リアリティは通常意識によりフィルターをかけられていますが、太鼓叩き、ダンス、ガラガラ音、呼吸法、さらにはシャーマンたちが約三万年にわたり実践してきたビジョン誘発法などを用いれば、アクセスも可能となるでしょう。

パワーアニマルは、強さと弱さ、希望とあきらめなど、人間とよく似た性質をもっているので、あなたのパワーアニマルを知りたければ、自分自身の特質や、表層的あるいは潜在的な願望に気づくことが大切です。たとえば、子供の頃に好きだった動物を思い出したり、人生の重要な転機を振り返るのもよいでしょう。

子供のとき、あなたはどんな動物に特に親しみを感じていましたか? あるいは、鷹の舞い上がる姿や熊の不機嫌な態度など、特定の動物のもつある種の行動に特別な魅力を感じたことはなかったでしょうか? あなたのパワーアニマルを見きわめるには、まず、あなたの注意を何度も引きつけ、自分に〝話しかけてくる〟ような感じがする動物は何かを考えてみましょう。テレビで見たサメやライオンでもかまいません。

もし自分では判別できなくても、友人や家族から見れば明白な場合もあります。「どれが自分のパワーアニマルなのか皆目見当もつかないんです」、と語っていたある女性の場合、玄関近くの棚に、ありとあらゆる形、色、大きさの亀を二〇〇匹ほど飼っていました。「小さいときから亀が大好きで、なぜかいろんな人がわたしに下さるようになったの」と、彼女は言います。

波長の合う動物が見つかれば、そのことに感謝しながら、さらにつながりを強めてみましょう。その動物の写真を、冷蔵庫や職場の机の上に置くのも良い方法です。また、探していた動物が現われたことに愛と感謝をささげ、ダンスや歌など、特別なセレモニーを行ってください。動物と融合し、その目を通してまわりを観察できるくらいにまで一体化しましょう。すると、その動物は夢の中に絶えず現われ、導きを与えてくれます。

毎晩の祈りにも、パワーアニマルを使うことができます。たとえば、愛する人が病気である、遠くに住む家族のことが心配だといったとき、その人を助けてくれるようパワーアニマルに頼むのです。すると、その当人からすぐに電話がかかるなど、驚くような効き目があるかもしれません。

パワーアニマルとつながると、強い直観のようなかたちで導きが受けられるようになります。つながりが確立してしまえば、それ以降、必要なときに助言を得やすい状態が続きます。

導きを受けるには、質疑応答のかたちでパワーアニマルに問いかけましょう。そして、その回答がどのような形で来るのかをよく見守ってください。たとえば、問題解決の手がかりを、突然、ある本の記述に発見するかもしれません。あるいは、誰かからの思いがけ

ない電話で助けられたり、なにげない日常の会話の中に答えを発見することもあるでしょう。

昼夜に行う祈り、瞑想、夢見などを通してパワーアニマルとの交流を実践すれば、あなたとパワーアニマルの波長は同調しはじめ、どこを訪れていても、その土地や人々、そのとき関わっている事物の中に、パワーアニマルの存在が反映していることが実感できるでしょう。

女神と地域の神の探索

女神、カチーナ（ホピ族の精霊の使い）など、その土地で長い歴史をもつ神々を見つけるのは、パワーアニマルの発見よりいっそう難しいでしょう。彼らは、いつでも、どこにでも姿は現すのですが、その住処《すみか》を見つけるとなると、かなり手間がかかるのです。**可能性の高い場所を見つけるには、あなたの第六感をまわりのエネルギーの波長に合わせ、直観的な閃きに注意を払うことです。**

その場所についてあなたがすでに知っている情報に頼ってはいけません。たとえば、都市やその郊外の喧騒に囲まれた場所だという理由で排除したり、湖や珍しい地形を女神に不向きな場所だと決めてしまわないことです。女神はドーナツ化現象に陥った都市の中心に非日常的リアリティの空間を維持し、人間に気づかれないよう存在しているからです。

スコットランドに伝わるブリガドーンは、一〇〇年にたった一日だけ現われる伝説の荒地ですが、現代にも、市街地の舗道の下やビルの谷間に、女神の好む大地のエネルギーやレイラインを備えた本物の世界が横たわっています。

そして、動植物が繁殖をくり返す大自然は、古代からまどろみ続ける女神の休息地を見つけるのに最適といえましょう。それはちょうど〝眠れる森の美女〟が自然エネルギーの繭《まゆ》の中で眠りながら、あなたの〝意識のキス〟を待ちわびているような状態にあるからです。

このような神々は、聖地と呼ばれる場所で発見されることも多いのですが、現在では、そのいくつかは、都市の乱開発、観光産業、営利的採鉱などにより脅威にさらされています。アメリカ先住民の部族が自分たちの土地での採鉱を止めさせようとしたのは、神聖な土地のもつ神々のエネルギーを維持しようと考えたからでした。しかし、聖なる土地という概念についての社会的認識が高まらなければ、このような戦いに勝ち目は見いだせないのです。

聖地においてはもちろんですが、他のいかなる場所においても、女神たちはパワフルで、姿を自由に変化させ、同時にあちらこちらと出現できる多次元的な存在です。また、奇跡を行い、未来を示し、人を力づけるとともに、乾燥した大地に雨の恵みを与えたり、洪水の流れを変えるなど、自然現象をもたらしてくれます。

女神の居場所を発見し、その土地のエネルギー・レベルを高めると、それは女神に力を与えることになります。この〝意識のキス〟によってつながりが確立すると、女神はあなたに必要な助けをいつでも与えてくれるようになるのです。

また、ひとりの女神を発見するということはドミノ効果を生み、他の聖地で女神を探す場合にも、すでにあなたはその作業に必要な高い波動レベルを備えているので、手間がかかりません。

ひとつの地域において、女神は他のすべての精霊の階層の最上位に位置し、エレメンタル（世界を構成する要素）や妖精らを圧倒する強力な存在です。女神エネルギーはエレメンタルを強化し、景観を豊かに、かつ美しく整え、動植物を活気づけ、微細エネルギーの流れを維持します。**女神が活動している場所には、他の場所にはない波動があり、青々と**

した野菜、澄んだ水、新鮮な空気などが観察できるので、それと判別できるでしょう。

また、女神のエネルギーは人の感情を反映します。怒りは土地を闇で覆い、喜びは陽光として現われますが、一方で、外部からの悪い影響を緩和する働きをも備えているのです。

女神エネルギーが存在する場所を見つけたら、次のステップとして、それが休止状態かどうかを見きわめることです。つまり、都市景観のすき間に埋もれ、防御のエネルギーで辛うじて存在しているのか、それとも、活気に満ちあふれているのかを判断するのです。

もし休止状態なら、その土地の波動レベルを上げ、女神に力を与えるのがあなたの役目ですし、活気が十分ある場合も、女神の充足された状態が維持できるよう、さらに力を与えてください。往年のように人間からエネルギーをもらえなくなった女神は、そのエネルギーが衰えていることが多いからです。

力を与えられた女神は、周囲のすべてを活気づける源泉となり、そのための力を自らの活動から得られるようになります。ある意味で、女神とは、移り変わる天候や季節のサイクルによって命や成長を育む地球のように、自立し生命を与える特質をもった存在だと言えるでしょう。

また、力を得た女神は、ネガティブ・エネルギーを生命維持のエネルギーへと変容させます。女神はこのエネルギーによって活性化され、好ましい効果を周辺にも拡大します。女神の力が強ければ強いほど、より多くのネガティブ・エネルギーが変容されることになるのです。

このように、女神の住処《すみか》の波動レートを上昇させると、ポジティブ・エネルギーは飛躍的かつ多次元的に増幅されていきます。家に祭壇を作り、観音、イクシェル、とうもろこし娘などの女神を祀《まつ》れば家の波動レートが上がるので、そこに女神を招き入れたり、女神にずっと居着いてもらうためのポジティブ・エネルギーを作り出すこともできるのです。

女神のもたらす効果は一目瞭然で分かるのですが、わたしたちの前に現われるときの姿はさまざまなので、見分けることは困難です。

たとえば東洋における慈悲の女神「クァンイン」は、古代エジプトの「イシス」にゆかりをもち、日本では「観音」、バリでは「カニン」、チベットでは「ターラ」として知られています。この女神は、サンスクリット語のアヴァローキテーシュヴァラが女性の姿をとったものだと考えられていますが、同じ波動をもつ女神には、ヴィシュヌの妻シャクティ、そして、イエスの母マリアなどが挙げられます。

女神の特徴的な働きは、世界中の苦しみを聞くというところにありますが、これは女性的神性の最も古い在り方で、グノーシス主義の文献ではソフィアとして登場し、万物の母である女性的なパワー「陰」(男性的パワー「陽」の対極)をつかさどっています。

また、女神はあまり目立たない姿に身を変えることも多いのですが、それでもなお人々の生活にはポジティブな影響力をもっています。『法華経』の「観世音菩薩普門品」では、三十二の姿で現われる観音について記述されています。

多くの文化において、女神は奇跡と結びつけられています。たとえば、東洋では過去一〇〇〇年にわたる観音の奇跡を記した物語が数多く残されていますが、これは西洋の聖母マリアに匹敵しています。

女神にまつわる物語には、中央アメリカの「イクシェル」、イヌイット族の「セドナ」、アメリカ南西部の「白い貝殻の女」(あるいは「白いビーズの女」)が残されています。さらに、アメリカ南西部の「とうもろこし娘」や「虹の女神」、アフリカのズールー族の「インコサザナ」(トウモロコシを成長させる農業の女神)や「ムババ・ムワナ・ワレサ」(虹、雨、収穫の女神)なども伝えられています。

また、「三重の女神」というモチーフも、時代を問わずすべての文化に共通しています。この女神は、少女、成熟した女性、老女の姿をもち、女性パワーはあらゆる形体をとり永遠であることを教えているのです、事実、一七〇〇年昔の『ナグ・ハマディ写本』には、こうした女性パワーが生命の主要素だとする記述が含まれています。

グノーシス主義文献『雷・全き叡知』では、造物主たる神は、原初の無の状態、つまり汚れなき虚空の男性から活性化した女性であり、ギリシャ的概念にいう「宇宙の生命と精気」、つまり「空」と「火」からなる万物の活発で知的な元素の典型であり、神として顕現した後、生きとし生けるものを産み出したと述べられています。

今日、人類学者や歴史学者の間では、現代における男性中心の神格は常道を逸しているという見解で一致をみるようになってきました。なぜなら、古代人は女性的原理の神を崇拝し、女性、男性、子の三位一体（父と子と精霊ではなく）を信じていたからです。男性中心の考えはローマが初期キリスト教に及ぼした影響から生じたもので、五世紀までは教会の教義として成文化されていない考え方だったのです。

世界を見回すと、あらゆるものに女神が宿っているのが分かります。キリバス共和国に属するギルバート諸島の「テイティトゥアアビネ」と呼ばれる〝木々の母〟、アフリカのイボ族の信仰する〝ヤムイモの母〟など、その現われ方はとてもユニークで、中にはただ生まれ変わるのを待っている女神もいるのです。

映画『フィールド・オブ・ドリームス』では、主演のケビン・コスナーが、過去の名選手たちの霊を招き寄せるために野球場を作り、その場の波動レートを上昇させたり、女神たちを讃え、女神の姿を見ることを自らに許すことにより、女神が降臨し祝福が授けられるよう促しました。その地の精霊に心を開けば、個人の意志は造物主の意志と同調し、人は神と共に創造者となり、全宇宙のために尽くすことが可能になるのです。

神聖存在とパワーアニマルに援助を要請する

大地の精霊との出会いに成功すれば、次のステップは、エネルギーの変容に必要な指導の求め方を学ばねばなりません。人を援助させるために、造物主が神聖存在やパワーアニマルを呼び覚ましても、人がこうした宇宙のパワーに助けを求めない限り、彼らは介入できないのです。なぜなら、進化に必要な体験を学習させる目的で個人に与えられた自由意志は、すべてに優先するからです。

ある場所に関与したりエネルギー・ワークを行うには、その前に、援助を要請しなければばなりません。この要請は明確になされることが大切で、普通に頼んだだけでは結果を得るのは望み薄です。確実に目的を成し遂げるには、次のように要請してください。

造物主、大地の母、天の父、指導霊、天使、パワーアニマルたちよ、導きと守護に感謝します。どうか、わたしがなすべき道を示す光をお与えください。

このように崇敬の念をもって要請すれば、神やパワーアニマルはサンスクリット語の〝ナマステ〟に示されたように、その返礼として願いをかなえてくれることでしょう。造物主の意志にかなう真剣で純粋な気持ちをもち、心から懇願すれば、偉大なる内観が訪れ、新しい知覚の扉も開かれるので、奇跡を手中に収めることも夢ではなくなるのです。

浄化を必要とする場所に立入るときは、あなたの直観に助言を求め（【エクササイズ3】参照）、祈りのための時間をとり（【エクササイズ4】参照）、はっきりした言葉で要請してください。その場のエネルギーに感謝することは、すべてのために至高善をなそうとするあなたがそこにいる、というメッセージを発することになります。エネルギー・ワークに先立ち、グラウンディング、センタリング、シールディングを行い、その間に、要請の言葉を声に出して表明してもかまいません。

いったん、静寂点にアクセスしてしまえば、あなたはひとりぽっちではなく、指導霊、天使、女神、パワーアニマルが側にいて、大地の精霊たちと協力関係にあることが分かるでしょう。そして儀式に移れば、あなたはただそこにいて、直観に耳を傾けているだけでよいのです。

エクササイズ3

地図を用いたパワースポットの探索

大地の精霊と出会えそうな場所を探すには、それがあなたが住んでいる場所でも、訪問する予定のある場所であっても、とにかく、まず地図を広げてみましょう。そして、指導霊や天使に、大地の精霊と遭遇できそうな場所を示してくれるよう、あなたの意思を伝えることです。

(1)手を地図の上にかざしながら動かして、何かを感じる場所を探し、そこから伝わる情報を〝読み取って〟みましょう。手の平にあるチャクラはエネルギーをたいへん敏感に感じとります。

(2)候補地を探すには、他にも、チェーンに水晶をつけたり、三〇センチ程のひもにリングを結わえたペンジュラムを用いる方法があります。

①まずペンジュラムをゆらし、たとえば、それが縦にゆれたら「イエス」、横にゆれたら「ノー」といった具合に、ゆれる方向で答えが示されるよう判断基準を決定（プログラム）してください。

②地図上の気になる場所にペンジュラムをかざし、「この場所には行った方がいいですか？」など、イエス／ノーで答えの出る質問を投げかけていきます。

③場所が具体的に特定できるまで、徐々に、範囲を絞っていきましょう。

すると、現地の調査も満足にしていなくても、ひょっとすると、その土地に住んでいる人しか知らないようなパワースポットが発見できるかもしれません。

(3)地図を使った探索に加え、その場所に関するどんな〝些細な感覚〟にも敏感になってください。たとえば、それが何度も会話に上る場所なら、特に有望かもしれません。目的をしっかり定め、直観を受け入れることは、大地の精霊に遭遇できる場所をピンポイントで割り出すための重要な鍵なのです。

エクササイズ4

心からの祈り

建物や土地の波動を上げるには、わたしたちが習慣的に使うマインド思考の枠組みをはなれ、ハートを働かせることが必要です。

ハートに中心を置く方法のひとつは、夜の祈りです。つまり、就寝前、マインドを使ってあなたが祈りたい人々や場所、物をリストアップし、祈りの言葉を口にする代わりに、ハートの中でそれらに思いを馳せるのです。

たとえば、あなたが癒しや援助の祈りを送りたい人を思い浮かべ、湧きあがってくる感覚を観察します。この感覚と一体化し、中身を吟味したうえで、愛のエネルギーだけをその人に送るのです。

そのとき、ハートに浮かんだイメージや色も、そのまま漂わせながら詳しく観察してみましょう。たとえば、金色の輝きを放つエネルギーがあなたから放射していたり、深い紫色のイメージがあなたの内側から湧き出てくるのが見えるかもしれません。一般に、金はエネルギーの鎮静、紫は癒しの力、緑は成長、と理解してください。

感覚と色が相互に作用してイメージを結べば、援助したい人の状態が見通せたり、あなたから相手へ向かうエネルギーの放出が感じられるかもしれません。いくらエネルギーがあふれ出ても、ハートは常に満たされています。というのも誰かを助ければ、その愛は与えただけ返ってきて、あなたを満たしてくれるのです。

エネルギー・ノートブックから

〝些細な感覚〟に従う

長年にわたり、わたしはアーカンソー州のホットスプリングス国立公園が、どうも気になっていた。事あるごとに、この場所が繰り返し登場するように思えたのだ。道路地図を見ているとパッと目に飛び込んできたり、友人たちの会話でその名前が上ったり、ちょうど誰かが行ってきたとか今から行くところだと聞かされたり、そんなことが再三続いていたのである。わたしが旅行中にも、突然、その場所が頭に浮かんだこともあった。しかしそのときは遠回りなので行けなかったのだ。

そして、ついにある日、わたしは内なる声を聞き入れ、その場所を訪れた。すると、なんと〝虹の女神〟に遭遇するという、奇跡的な体験が待っていたのである。

その地に伝わる言葉では、温泉をマナタカ、つまり平和の地と呼び、何世紀にもわたり、その場所では平和を守ることを誓ったいくつもの部族が、治療効果のある湯を目当てに集まっていた。一年中、温泉は湯けむりで覆い隠され、遠くからは虹のかかるのが見えていた。

一八三二年、この土地は連邦政府により没収され、一九二一年、イエローストーン公園についで二番目の国立公園として認定されることになったのである。マナタカ・アメリカインディアン評議会（ＭＡＩＣ）は、〝虹の女神〟に敬意を捧げ、この聖地の歴史と伝統の保護にあたっている。ＭＡＩＣのリー・スタンディングベア・ムーアは、この女神の歴史的役割について次のように語っている。

「（女神は）すべてが真っ白なバックスキンの衣服を身にまとい、両手にはそれぞれ鷹の羽根をもち、山の上に立って平和を見守っていた。たそがれ時に口論がはじまった。するとその原因を作った人間に警告を与えるように、一番高いところにある湯溜まりの蒸気の中から〝虹の女神〟のビジョンが現われ出た。もしこの罪ある者がこの警告を無視するようなことがあれば、〝虹の女神〟はその男のところにやってきて、足元にひとつの羽根を落としたことだろう。これが意味するのは、平和を乱すつもりなら、立ち去る方が利口だということだ。もしこの警告も聞き届けられなければ、彼女は二番目の羽根を落としただろう。これは、どんな手段を労しても、その男と家族や仲間をこの谷から追い払うというしるしなのだ。」

はじめて〝虹の女神〟に出会ったとき、わたしは仲間と一緒にキャンプファイアーを囲んでいた。すると煙の中から、プリズムのようにさまざまな色を放射しながら、光り輝く姿が現われたのだ。最初は自分の目を信じることができなかった。しかし、そんな姿はもう消えたに違いないと、今一度そこを見ると、彼女はまだそこにいて、じっとわたしを見つめていたのである。

女神はわたしの心の中をのぞき込み、そしてわたしの考えを聞いていた。わたしが火の周りを歩いて仲間たちの後ろに立つと、人影の向こうに彼女の姿があった。仲間の姿はまるで煙のようで、彼女だけが本当に存在していたのだ。女神に出会い、声を聞くことができたわたしは、喜びを抑えきれなかった。彼女は、わたしのハートに浮かんだ質問に答えてくれた。そしてわたしのハートは、熱い火から生まれ出た愛のつばさが生えたかのようであった。

女神の話す言葉は、魂を揺さぶる音符の連なりとして聞こえてきた。彼女はわたしに偉大な真実を語ってくれていたのである。いわく、もしわたしがこの世で自分の魂の目的を果たそうと願うなら、精神的な生活を追い求めなければならない、と。

さらに彼女は、アメリカ先住民のメディスン・ホイールの知恵を実践するようわたしに命じた。つまり、さまざまな方角からやってくる人々に映し出された、赤、黄、黒、白といった車輪（ホイール）の色は、実はまったく同じものだということ、そして、すべての人々は車輪の中心で心や魂を共有している、という理解をもつことである。この教えを人生に取り入れ、すべてに敬意を払い、違いではなく同一性を見ることによってこそ、わたしは自分の道を本当に歩むことになるのだ。

さらに彼女は、わたしが真実と思うところを恐れることなく語れば、その言葉は彼女の歌を聞くことができる人たちの心を打つだろう、とも告げてくれたのである。

〝虹の女神〟との出会い以来、わたしは何度もホットスプリングス国立公園を訪れ、目が覚めているときも夢を見ているときも、彼女と長い会話を交わしている。このように彼女と出会え祝福を得られたのも、すべては〝些細な感覚〟に従ったからであったのだ。

エネルギー・ノートブックから

太陽に捧げるドラム打ち

わたしは旅行中、ホテルの部屋にいるときも、外に出かけたときも、常に、〝太陽に捧げるドラム打ち〟を行い、大地の精霊に敬意を払っている。

やり方はこうである。まず、夜明け直前に起床し、セージを焚き、四方向に祈りを捧げる。そして、天の父なる神と大地の母なる神に感謝を表すのだ。それから、その地の大地のエネルギーの感触をつかむために柔らかくドラムを打ち、大地の精霊に向かい、わたしに敵意はなく、助けをいただければありがたい、と告げるのである。

その地の精霊をこのようにして讃えると、直観を通してすばらしい答えを手にすることができるのだ。その後、わたしは自分が感じたことを書き留め、その導きのままに一日を過ごすのである。

一例を挙げてみよう。かつてメキシコ湾岸を訪問し、〝太陽に捧げるドラム打ち〟のために外出したときのこと、わたしは海水からパイプが突き出ているのに気づいたが、それを重要とは思わず無視していた。その途端、大波がパイプを打ちつけ、はね返りの水が顔にかかったのである。その夜のこと、古代マヤのカレンダーの現代訳を調べてみると、今日、わたしがなすべきことは、精神的な指導を自分の中に流れさせることだという。そして、その流れる管は園芸用ホースのように柔らかであるべきで、決して固い鉄のパイプであってはいけないと記されていたのである。これを見て、今日、水の精霊が与えてくれた〝パイプ〟のメッセージを思い出したわたしは、思わず吹き出してしまった。

次の話は、コロラド州クレストーンでのことである。夜明けに〝太陽に捧げるドラム打ち〟のために出かけたわたしは、すべてがひとつにつながった瞬間、一羽の鷹が現われ、近くの山にかかった雲の中に姿を消すのを見たのである。しかし、この意味が分かったのは、後になってからのことである。荷物をまとめ出発しようとしたわたしは、トラックのバッテリーが上がっているのを発見し、これは、まだここで経験すべきことが多く残っているというメッセージだとは理解した。実際、滞在を延長すると、魅力的な人々と知りあい、さらには大地の精霊とも出会えたのだ。数日後、再び〝太陽に捧げるドラム打ち〟をしているとき、もうトラックを修理して旅立つときが来たことを知らされることになった。例の山――それは後になってナバホ族の人々によって崇拝されているアルバ山だと分かった——から、また一羽の鷹が飛んでくるのを見たのである。

大地の精霊は、こんなふうにわたしたちに語りかけてくるのだ。ドラマティックなヴィジョンで現われるというわけではない。しかし、それを理解するための粘り強さと洞察力を身に付けていれば、明確で力強いメッセージが、動物、内観、イメージなどの形をとり、わたしたちにもたらされるのである。

Review

第3章の復習　**大地の精霊に出会う方法**

①大地の精霊は、いつもあなたの周りにいることをはっきり知ること。
②あなたが引き寄せられる場所に行くこと。
③精霊に指導と助けを要請すること。
④直観に注意すること。

Chapter 4

第4章　エネルギー解放の儀式

「この大自然というはかりしれぬ神秘の書物を多少は解読できるものです」

――『アントニーとクレオパトラ』ウィリアム・シェイクスピア――

（小田島雄志訳）

エネルギーを解放する儀式は、エネルギーを変容させ、より健康で幸せな生活を実現するために欠かせません。ネガティブな、あるいは汚れたエネルギーがこもった場所で生活や仕事をしていると、長期的には、生活の質はもとより、創造力と生産性にも破壊的な影響が及びます。にもかかわらず、わたしたちの社会では、エネルギーのもつ力や形体についての情報が欠如しているため、このような悪影響についてもよく理解されているとは言えません。

いずれにせよ、エネルギーは毎日の生活において重要な役割を果たしているので、場所や土地を浄化する技術を学ぶ利点は大きいと言えるでしょう。それを実践すれば、感性に溢れ、歓喜に満ちた生活がもたらされるからです。

屋内空間のエネルギー浄化法

定期的に特定の目的のために使われる屋内空間では、内部に一定の思考パターンが形成されてしまいます。このようなエネルギーに対し、正しい意図をもって、ガラガラ音や燻《いぶ》

しを用いて解放の儀式を行うことにより、その波動レベルを上昇させ、よりポジティブな形体のエネルギーに変容させることができるのです。調和のとれた豊かさと創造性のために、こうした儀式は、ちょうど、あなたが家を掃除するのと同じく、定期的に行う必要があります。

●屋内の浄化に必要なアイテム

・ガラガラ音

どんなガラガラ音でもかまいません。小さい水晶を何個か薬ビンに入れる、小石を集めてプラスティック製の飲料ボトルに詰める、それもなければ、錠剤の入った薬ビンをそのままで使用するなど、あり合わせのものを用いても問題はありません。

・燻《いぶ》し棒

燻しには、白いセージが最適です。アメリカでは、それを専門とする書店や、アメリカ先住民の各種会合で入手できます。もちろん、自分で採集してもかまいません。

燻し棒を購入する場合は、包装についたラベルを読むか店員に尋ねるなどして、セージが神聖な方法で採集されたものかどうかを確認してください。もしそうでなければ、他の店を探しましょう。アメリカ西部では、金儲け優先で、植物の神聖さにほとんど敬意を払わない人たちが、セージ、その他の植物を根こそぎ収穫しています。敬意なしに採集された植物は、その力が損なわれています。杉、スイートグラス、線香などの場合も、もしそれらが聖別されたものであれば、儀式に使用することもあります。使い方は、次のとおりです。

植物あるいはハーブの上に両手をかざし、純粋な気持ちで祈願します。この祈りにより、植物が活性化され、それまで残存していたいかなる毒素も変容させてしまいます。（注意：場所によっては火の使用が禁じられていることがあります。マッチ一本でもだめな場合もあるので、前もって調べておいてください。）

（水晶）

浄化しようとする場所において、なんらかの理由で煙の使用が禁じられている場合、燻し棒の代わりに手の平サイズの水晶を使用しましょう。この場合、まず水晶を〝プログラム〟しなければなりません。それには、水晶を左の手の平に置き、すべてのネガティブ・エネルギーを変容させる、と宣言するのです。この気持ちを自分のマインドとハートに抱いていれば、エネルギーは水晶の先端が指す方向に放射されます。三メートルくらい離れた場所から、一メートル半程度の範囲に放射できる水晶をもっているとよいでしょう。この能力のあるなしは、水晶に問いかけてみてください。水晶に手をかざし、手の平が、暖かくなる、ピリピリする、心地よいなどと感じられたら、それは答えが肯定的であることを教えています。

●手順

屋内空間の浄化は、ほとんどの場合、ガラガラ音と燻しで十分対処できるでしょう。

①燻し棒に火をつけ、一方の手でガラガラ音を立てながら、燻し棒を動かして、進んでいく方向を煙で覆います。要点は、あなたの前方にすべてのエネルギーを溜めるということなのです。

まず玄関から始め、時計回りに円を描くように建物全体をめぐり、元の場所に戻ってください。

ガラガラ音と燻しを使って建物をめぐるときは、部屋のほこりを念入りに掃除するように、壁、天井、床、すき間、ドアの裏側、テーブルの下など、どこにもやり残しのないよう集中して作業してください。普段、人目につかない部屋の片隅などは、特に気持ちを込め、そこにこびりついた汚れやネガティブ・エネルギーを除去しましょう。

②もしあなたにパワーソングがあるなら、その曲を歌ってください。なければ、古いエネルギーの消散に必要な集中を助けてくれる指導霊、精霊、直観が与えてくれた癒しと歓びの音を、ハミングしたり歌ったりしてください。

作業中のあなたは、エネルギーが活性化し、自分の回りをすべて変容させる旋風の中心にいるかのように感じるでしょう。また、ガラスが砕けるような、あるいは廃液タンクの底に溜まった塊が浮き上がってきたような、エネルギーの崩壊現象を見ることがあるかもしれません。

もし心に動揺が生じると、除去されたネガティブ・エネルギーがあなたに付着することがあります。そんな場合、自分をグラウンディング、センタリング、シールディングの状態に保つことが重要です。それから、あなたの指導霊に庇護を求めてください。作業中に自己不信感が募ってきたら、無条件の愛をもって、付着したエネルギーを解放するために働くあなたの努力が最善の成果を結ぶよう造物主が援助してくれていることを思い出してください。そして、再度集中力を高め、ガラガラ音と燻しの道具を手に、途中で止めたところから作業を再開すればよいのです。

③作業が終了したら、誤った場所に陣取っていたエネルギーをあるべき場所に返してくれた造物主に感謝をささげましょう。

そこに残ったエネルギーが、愛と光、そして創造の力に変容したことに対し、造物主に謝意を捧げるのです。

●その他のツールによる浄化——水晶、占い棒、羽根、水

空間の浄化には、時と場合に応じ、水晶、占い棒、羽根、水など、他のツールを使うこともあります。

•水　晶

同じ水晶でも、エネルギー変容の効果はそれぞれに異なっています。水晶はエネルギーの波動レートを上昇させることを目的として、浄化する場所に散在させることもあれば、頑固なスポットを遠方からメンテナンスする場合にも用いられます。

レーザー型の水晶は、儀式の種類を問わず、目的とする意図を強化するために使用されますが、特に有効なのは、広い土地を浄化するときに境界を設定する場合です。レーザー水晶は天然に生成した水晶ですが、平面的で先端が尖っているので、焦点がしっかり定まったエネルギーを放射します。どんな水晶でも、その本体に投射されたエネルギーの通り道となり、圧電効果によってエネルギーを高める能力をもっています。レーザー水晶は目的とする意図を強化するので、扱いには注意が必要です。

•占い棒

占い棒（ワンド）は、エネルギーを送受信できるツールです。また、ガラガラ音が届かないような距離でも、エネルギーを消散させることができます。

占い棒は、骨、木、小枝などを材料にして、簡単に作ることができます。骨あるいはシカの角を使うと、さらに良い占い棒が作れるし、しかも、その材料となった動物の精霊を呼び覚ますという利点も加わるのです。たとえば、シカの精霊は救済と癒し、ヘラジカの精霊は頑丈で粘り強いという性質があり、水牛の精霊は富と自立のエネルギーをもっています。

占い棒は、羽根やビーズで装飾してもよいでしょう。また、先端部を彫ってくぼみを作り、そこに水晶を埋め込むこともできます。竿《さお》のようにとても大きい占い棒であれば、この種の道具を使用するシャーマンたちが身に付けている羽根、毛皮、神聖品で、大いに飾り立てることもあります。

•羽 根

羽根は多目的に使用できるツールです。占い棒のようにエネルギーの探索に用いることもあれば、ガラガラ音を出すツールのように羽根を振るとエネルギーを消散させることができます。また、アンテナとして指導を受信したり、祈りを伝える伝導体にもなります。また、燻し棒やガラガラ音の代わりに空間の浄化に用いることもできますが、それには集中を持続する訓練が必要です。

•水

水は、浄化の作用物質として優れたツールです。何世紀もの間、メディスン・マンはスイートグラスを浸した水を屋内スポットに振りかけ、浄化を行ってきました。

水を浄化のために使用するには、まず、癒しの愛と光をもって祝福を与えてくれる造物主に感謝しながら、両手を開き、水の入った容器の上にかざします。手の平のチャクラから放出されたエネルギーは、祈りの気持ちと一体化して水の分子構造を変化させるので、その水を問題のある場所に散布すると、特に強力な浄化効果が発揮されます。

水、それは生命の証しです。そして、それは大地の精霊にとっても、素晴らしい恵みを与えるツールなのです。

●振動音でポジティブ・エネルギーをアップ

音を使用して波動レベルを引き上げると、場のポジティブ・エネルギーが増加します。ガラガラ音で生じた振動は、エネルギーを消散させますが、他にも強力な作用をもつ振動音があります。

宗教音楽

高い波動レベルをもった宗教音楽を流すと、場はポジティブ・エネルギーで満たされます。たとえば、チベット僧の行う詠唱は低音にもかかわらず、非常に高い波動レベルを発しているのです。

ドラム

ドラムを鳴らすことも、空間の波動レベルを上げる優れた方法です。それはエネルギーを変容させ、非日常的リアリティを知覚する能力を高め、広大なエリアに対し治癒効果を発揮します。ドラムの休止部に歌や詠唱を挟み、エネルギーとのつながりをもち、その変容を図るのもよいでしょう。詠唱には、宗教的なマントラ、聖句、個人にとって聖なる意味をもつ祈祷や詩節などが含まれます。

パワーソング

エネルギーの活性化に最も強力に作用する声の使い方は、パワーソングやハートソングを歌い、人それぞれに固有のポジティブ・エネルギー、特色、意図を表現することです。先住民たちは、数千年の間、このように振動音を用いてきました。彼らはパワーソングを、断食や祈祷を通して発見していたのです。

もし自分のパワーソングを見つけたら、精霊の指導を受けあなたの中に築かれた浄化のエネルギーで場を満たせるように、その歌を使うとよいでしょう。自分のパワーソングをまだ発見していなければ、その代わりに賛美歌や祈祷歌を用いたり、浄化作業中に心から自然に湧きあがる歓びのメロディーを歌うのもよいでしょう。

大きい建物のエネルギー浄化法

マンション、一戸建て、商店などのエネルギーを効果的に浄化するには、ガラガラ音や燻し棒で十分でしたが、大きな建物を相手にする場合にはもう少し準備が必要です。以下に紹介する方法では、**まず最初に建物の〝マカバ〟の活性化と促進を図り、次に、それを神性意識グリッドにつなぐという手順をとります。**

建物のライトボディ（建物は物質的存在であるとともに霊的〈気的〉存在でもある。ライトボディとは、この気的存在、あるいはオーラ的存在でもある構造体を指す。＝解説者注）を天界のエネルギー層とつなぐ目的は二つあります。

第一に、当面差し迫っている〝転換の時代〟に備え、人類を援助すること。第二は、アメリカの気象学者E・ローレンツが発見した〝バタフライ効果〟、すなわち、ある土地における蝶の羽ばたきが遠隔地の気象に影響する可能性がある、という考えと同じく、ライトボディに加えた微少な入力エネルギーが、時間経過とともに全地球を良い方向に変える

大きな力に変わっていく可能性に期するのです。

このワークを始めるには、どんな建物にもエネルギーを放出するパワースポットがあることを認識しておかねばなりません。通常、これは空間の〝急所《ハート》〟と考えられています。

また、すべての構造物には、向きの異なる二つのエネルギーがらせん状にからみ合って構成されたライトボディがあると理解しておくことも重要です。このらせんが一定の比率で速く回転していると、ネガティブ・エネルギーをほとんど寄せつけませんが、回り方がゆっくりになると、淀んだエネルギーや低次の霊体を引き寄せてしまいます。ライトボディを最適なスピードで回転させるには、建物のパワースポットを起点にして作業を行ってください。

●手順

大きい建物を清めるには、

①まず、感覚と直観を用いてパワースポットを見つけ出しましょう。

パワースポットの上に立てば、〝これで正しい〟と感じるに違いありません。虫の羽ばたくような音、ブーンという低いハムノイズなどが聞こえるかもしれません。あるいは、時として心臓か鳩尾《みぞおち》のあたりにエネルギーの高まりを感じることもあるでしょう。また、突然、まるで足から根が生えたように感じたり、下り坂を歩くような感覚がすることもあります。パワースポットが壁や物体の内側に埋まっていると、そこから微風が吹くのを感じるかもしれません。あるいは、寒い建物の中を歩いていて、急に暖房機の暖かさに出会ったような感覚を受けることもあるでしょう。

②パワースポットを発見したら、その上か近くに、あぐらをかいて座り、自分自身をグラウンディングとセンタリングさせるために、しばらく時間をすごします。それから、建物のエネルギーが最大の速さになるよう、ガイド、天使、パワーアニマルに祈りましょう。

静寂点に至るために、太鼓叩き《ドラミング》、呼吸法、瞑想、歌唱、詠唱、音楽を聴くなど、できることは何でもしてください。

呼吸法を用いる場合、骨盤からゆっくり吸入し、肺をいっぱいに膨らませます。そして、そのエネルギーがグラウンディングとセンタリングを誘い、癒しの感覚が生まれるのを感じてください。数秒間、息を止め、それからゆっくりと息を吐き出して、肺と自分のマインドを完全にからっぽにします。マカバ・エネルギーの速度が上がり始めたと感じたら、呼吸法を止めてください。また、自分のエネルギーが弱り始めたら、作業をすぐに止められるよう、注意を怠らないでください。

目安として、作業には自分のエネルギーの一〇パーセントを与え、残りはあなたの指導霊、天使、パワーアニマルに任せましょう。大地で行う作業と比較した場合、人工の建造物を神性意識グリッドにつなぐには、個人的なエネルギーをさらに必要とします。

③建物のライトボディがそれ自体のもつ生命力《ライフフォース》を受けて機能し始めたら、建物が神性意識グリッドにつながるよう、ガイドや天使に依頼しましょう。そして、パワースポットのエネルギーがグリッドとつながり、やがて変容が起こる姿をイメージするのです。

●頑固なスポットの浄化

建物を浄化するとき、通常の方法ではうまくいかない、手間のかかる難しいスポットに出会うこともあるでしょう。

エネルギーが壁や物体の中に捕らえられている場合

そのスポットに小さな水晶を何個か置いた後、しばらくその場を離れてください。ただし、その後も注意を怠ってはいけません。たまにそこを訪れ、太鼓を鳴らす、ガラガラ音を立てる、宗教音楽を流すなどして、それらの高いエネルギー振動が、捕らえられたエネルギーをゆっくりと除去したり変容させるのを待ち続けましょう。

家の地下に水脈がある場合

家の地下にある水脈は周辺のエネルギーを家の地下に持ち込んで停滞させるので、これまでとは異なる問題が生じます。もしそんな状態が直観できたら、その場をさわやかに保てるよう、定期的に正常なエネルギー振動を与え、エネルギーの停滞を追い出すようにしなければなりません。

この場合、宗教音楽などの高い波動を使うとエネルギーの詰まりが取れ、流れがスムーズになります。たとえば、近くに携帯用のＣＤプレーヤーかステレオセットを置き、宗教音楽を流すのです。大音量である必要はありません。必要なのは、周辺を清浄に保つための波動です。

レーザー水晶や占い棒なども、エネルギーの詰まりを散らし、流れを作るために役立ちます。

この方法は、近隣に毒性の廃棄物集積場や血液銀行などがある大きな建物にも応用できます。そこは外部の施設から流入するエネルギーを溜め込みやすいのです。

暴力や犯罪により、大量のエネルギーが固着している場合

そのような場所では、以下の儀式が有効です。

①長さ三〇センチ以上の木の枝や材木を削り、祈祷棒《プレイヤーズ・スティック》を二本用意しましょう。それから、それぞれに、荷造り用のより紐《ひも》、リボン、細長い布切れなどを取り付けます。このとき、片方は結ばないでそのまま垂らしておきます。そして、この作業中、棒が癒しに役立つよう造物主に祈願します。

②ひき割りのトウモロコシかタバコの葉を地面に巻いて、人が座れるくらいの大きさのサークルを描きましょう。布をしっかり巻きつけた棒を一本地面に置き、この棒がすべてのネガティブ・エネルギーを引き寄せるよう、造物主に祈願します。さらに、もう一本の棒をサークルの近くに立てます。より紐、リボン、布切れなど、取り付けた品がわずかな風で自由になびくように立てるのです。

③最初の棒を拾い上げ、それを二つに折り、折った棒をサークルの中心に置きます。そして、この地のネガティブなつながりを打ち砕き、風がそのネガティブさを愛と光の癒しに変容するよう、造物主に願うのです。

これは古代から行われてきた儀式ですが、文化によって、さまざまなやり方が伝えられています。しかし、いずれのやり方にも、常に二つの特徴がみられます。まず、一本の棒はネガティブ・エネルギーを取り込んだ後に折り、エネルギーを解放させる用途に捧げられているのであり、造物主の意志が実体として顕現した風を、エネルギーの変容に用いているのです。

●メンテナンスの方法

建物のライトボディがいったん神性意識グリッドとつながれば、それ以降は、たまに、ライトボディがうまく機能していることを確かめる以外、何もする必要はありません。これには、建物内のあちらこちらに、小さな水晶を数個置いておけばよいだけです。

水晶はどんな形のエネルギーでも媒介してくれるので、その水晶をイメージし、指導霊、天使、造物主のエネルギーを反映させながら、建物の所定のスポットのエネルギーを高めるという思いを送り込めば、遠く離れたところからでもメンテナンスを行うことができます。

屋外空間のエネルギー浄化法

●屋外空間の浄化に必要なアイテム

・ガラガラ音、水晶または占い棒
境界設定の意思を示すために使用する。

・タバコまたはひき割りトウモロコシ粉
境界線を区切り、空間を神聖にするために用いる。

・小さい水晶（オプション）
エネルギーを集中させるために点在させる。

・ドラム（オプション）
波動の強化、特に土地と神性意識グリッドをつなぐときに用いる。

●小さな土地の場合

(1)二五〇〇坪以下の小さな土地の浄化法は、建物に用いた浄化法と大差はありません。ただし、一つだけ注意すべき点は、土地には壁がないので、その代わりとなる境界線をしっかり定めなければならないということです。

境界線を定めるには、自分でその土地を歩き、そこが神聖な空間であるとイメージしながら、心の目で境界となる線を引くのです。時計回りに歩くとエネルギーは封じ込められ、反時計回りだと分散するか膨張します。

①歩くときには、もしその方が良いと感じたら、ガラガラ音を立ててください。そして、一枚の羽根を占い棒の代わりにして境界を定めるか、境界の区切りにタバコの葉をつまんで撒《ま》いていきます。

②さらに、造物主への感謝を表すために、心を込めて歌を歌ってください。この行為は、

造物主と自分を一体化させるということの表明であると同時に、協同してその空間を聖なる場所にするという意味も込められています。

③そして最後に、この空間がすべての災厄から守られ、そこに生きるすべてのものが祝福され聖なるものと見なされるよう願い、祈りを捧げましょう。

土地の浄化にあたっては、神の恩恵が呼吸のように自由に出入りできるよう、境界線の透過性をよくしておかねばなりません。しかし防御が必要なときは、レーザー水晶を用いれば、しっかりした境界も作れるので、人々の干渉を物理的にも感情的にも退けることができます。強い意志を込めて定めた境界は、強力な結界を作ります。しかしそれを維持するのは難しいので、正当な理由がある場合だけに限ってください。

(2)

①境界線を定めたら、土地の特徴を〝読み取り〟、どの区域に特に留意すべきなのかを見きわめてください。こうして発見されたスポットには、ガラガラ音や太鼓音、あるいは祈祷などを用い、エネルギーを強化したり解放させるような処置が必要かもしれません。

②また、その地域の精霊の注意を引くために、祈りのパワーを放ち大地の精霊への贈り物ともなる、水晶、あるいは祈祷棒（一三六頁参照）につけて風になびかせていた布

切れをその場に置いてください。

風を利用した祈祷棒は、〝スキャン〟というラコタ族に伝わる（風など）動くものがもたらす聖なる力（フォース）を利用しいるのですが、これは造物主に先んじて存在しており、多くの文化でも知られています。たとえば、チベットでは、祈祷用の旗が祈りを実体化するとされているのです。

境界線で囲まれた空間を神性意識グリッドとつなぐには、「大きい建物」の項で述べた手順に従ってください。境界線は、地球の最高位の霊的潜在能力とつながったライトボディの輪郭を示し、その土地を、癒し、成長、調和のための神聖な区域であると特定しているのです。

●広い土地の場合

(1)広い土地を浄化するには、瞑想、太鼓叩き、歌唱、ガラガラ音、ダンスなどを行い、まず、大地の精霊との出会いを図ります。いったん関係ができあがれば、精霊は喜んで助けてくれるようになります。

離れた場所から浄化することも可能です。特に広大な区域を浄化する場合は、そうすることも必要でしょう。しかし、このアプローチでは、精霊と親しくやり取りを楽しむことはできません。

(2)もし、精霊に代わり、あなた自身で広い土地を浄化する場合、小さな土地で用いた浄化の順序をできる限り踏襲してください。つまり、境界を設定し、必要な場所に祝福を与え、変容したエネルギーと神性意識グリッドとをつなぐ、というやり方です。

もし区域がとても大きければ、乗り物でその区画を移動してください。四方向から敬虔な態度でアプローチを始め、時計回りに動きながら、所々で動きを止め、太鼓を叩いたり、パワーソングを歌いながら、そこで遭遇したエネルギーのタイプに応じ、祝福を与えたり解放させるなど、適切な処置を施します。

そして最後に、パワースポットに座り込み、境界線で区切られた大地のライトボディを神性意識グリッドとつなぐのです。

(3)さらに丁寧な作業を行うためには、その区域を直観で感知し、問題のある区画のエネルギー・マップを作成してみましょう。つまり、将来的にみて注意を要する区画を記録しておくのです。たとえば、土地の一角に精霊がひそんでいたり、他次元と通じる扉があるかもしれません。もしそのような区画に遭遇したら、作業の進め方について、指導霊にアドバイスを求めてもよいでしょう。

(4)すべての作業をやり終えたら、将来、遠隔地からこの土地とつながりメンテナンス作業を行うときに備え、〝しっくり感じる〟スポットに、水晶を置くか浅く埋めておきましょう。

土地にエネルギーを与え、そしてその土地からエネルギーを受け取ったことで、あなたとその土地はつながりを持続しやすくなっています。また、土地の波動レベルを上げる援助をしたことで、いつか必要な時、その土地は、あなたがエネルギーを引き出せる貯蔵所として機能するようになっています。

境界を区切るという手順はありますが、土地の作業は、建物よりやりやすいことが多いでしょう。なぜなら、人の作った建物には意志というはっきりしたエネルギー・パターンが加えられているので、それ以外のエネルギーを寄せつけようとしないのですが、土地にはその背後に大地のもつ全エネルギーという途方もないパワーの蓄えがあるからです。また、神性意識グリッドはその昔から地球のホリスティック・システムの一環であることから、それ自体が地球の一区域とつながるのは、意志の力さえあれば、けっして難しいことではないからなのです。

●手順

①大地の精霊との出会い

精霊は大地のあらゆる場所に宿っています。心を開いて彼らを迎え、助けを求めてください。

②境界を設定する

境界線を引き土地の特性を観察するために、円を描くように、東から南、そして西へと地所を回り、最後は東にもどります。境界を設定するには、タバコあるいはひき割りトウモロコシを用いましょう。ただ単に、占い棒、ガラガラ音、水晶を使って意志の強化を図ることもあります。

③パワーソングを歌う

自分のパワーソングがあれば、作業中に歌ってください。なければ、癒しや歓びが〝芽生える〟ような声を出しましょう。土地を歩くときは、最後に元の場所にもどるまで、ずっと歌い続けてください。

④パワースポットに座る

そこは境界線で囲んだ土地のすべてのエネルギーが集中するスポットです。太鼓を叩いたり意思の力を用い、波動レートを上げることによって、そのスポットを神性意識グリッドとつなぐことができます。

停滞した地球エネルギーの解放

浄化作業を終えた土地は、周囲に高いレベルの波動を発しています。この波動は、花や農作物、野生生物などを元気づけるだけでなく、しばらく活動していなかった地球エネルギーを目覚めさせるかもしれません。

奇跡はあり得るのだと想うだけで、それが実現する可能性は高まります。地球とそこに宿る精霊のもつエネルギーと強力な作用は、人間の意思の力で活性化することができるのです。自らの覚醒を図り、鳥、動物、木、地球の精霊など、わたしたちを取り巻くすべてに活気を与えるという行為は、さらなる祝福とエネルギーの上昇を引き起こすことになります。

わたしたちは綾なす生命の糸で結ばれています。それゆえにわたしたちが大地の神性を目覚めさせるならば、このことによってわたしたちが世界に恩恵を与えるエネルギーを発することになります。というのも、この世界はホログラム、つまり全体を構成する各部分が全体の縮図としての要素を含んでいるからです。ある場所で作業を行うなら、それはすべての場所で作業を行っていることと同じなのです。

同様に、心の中に宇宙の最高エネルギーを反映させると、わたしたちが宇宙となり、宇宙に語りかけていることになります。したがって、停滞した大地のエネルギーを目覚めさせるならば、わたしたち自身の最高度の潜在力と、地球が生来もっている最高度の潜在力が同じくして目覚めるのです。そして、これが向上の連鎖をスタートさせます。

清々しいエネルギーは、アセンションの到来を控えた未来に向かい、幾度となくポジティブな効果をもたらすことでしょう。儀式がこのように作用すれば、あらゆる生は輝きを増します。それには、以下に記した【エクササイズ5】と【エクササイズ6】を参照してください。

ひとりひとりがベストをつくせば、それは巡り巡って、自分にも返ってきます。これが、心のあり方であり、生きるべき道です。そしてこれこそが、わたしたちや世界に祝福を与える造物主の道なのです。

エクササイズ5

小さな場所から始め、徐々にやり方をマスターする

建物や土地の浄化を始めるには、小さな場所、たとえばあまり大きくないマンションや中庭などを選び、そのスペースに焦点を合わせてみましょう。大きい建物や広い土地の浄化が目標でも、まずは庭など、小規模なところで練習を積むのが肝要です。

本章で述べた方法にしたがい、

①指導を求める、静寂点を見いだす、グラウンディング、センタリング、シールディングを行う、といった一連の手順を経て、境界の輪郭を定めてください。

②次に、祈祷を捧げ、続いてガラガラ音と燻しを行いながら、時計回りにその空間を巡り

ます。

花や木が多い場所は、精霊が宿り、エネルギーを保持しながらその力を高めていることが多いので、特に注意を払ってください。

③すべての手順が終了したら、感謝を表して儀式を終えましょう。しばらくすると、その場所が新鮮な活力に満たされていることを感じるでしょう。花や木は輝きを増し、空気は澄み、植物はさらに元気に見えるはずです。この高いエネルギー波動を維持するには、時々その場所を再訪し、儀式を繰り返す必要があります。

エクササイズ6

儀式用のツールを神聖な作法で収集する

エネルギー解放の儀式を成功させる重要なポイントは、儀式用のツールを集めるときの神聖な作法を知っておくことです。

儀式への援助を請う

エネルギー・ワークに用いる植物、水晶、その他の道具は、敬虔な態度で扱い、儀式への援助を請わねばなりません。たとえば、セージや杉といった植物類を集めるには、まず最初に、浄化の儀式に用いてもよいかどうかを植物に尋ねてください。そして、聞き耳をたてるように注意深く、返答を待つのです。ほとんどの場合、イエスかノーの印象が感じられるでしょう。

もし許しを得たと確信できたら、少量を採集し、お返しにタバコかトウモロコシをひとつかみ残しておきましょう。これは、入手した価値あるものに対する敬意を、価値あるもので返すという思いの表現です。

もし大量の植物が必要な場合、とり過ぎて害を与えないよう、一本の植物からは少しだけ採集しましょう。それから、他にも万物に恩恵を与えるポジティブな活動に貢献してくれる植物がいないか、尋ね歩いてください。誠実さと敬意をもって行動すれば、肯定的な返事をくれる植物がさらに出てくることでしょう。

このやり方は、水晶や他の道具を集めるときにも同じです。存在のすべてがつながっているという感覚を自分の中に養うには、調和のとれた生き方に努め、各存在がそれぞれにもっているユニークさに敬意を払い、互いに分かち合うことが大切です。

儀式用のツールを選ぶ

燻し棒、ガラガラ、太鼓、占い棒、羽根、水晶など、儀式用のツールを選ぶときは、その品物がポジティブ・エネルギーをもっているかどうかを確かめる必要があります。

それには、まず品物を手に取り、目を閉じて、自分の中に生じる感覚を見るのです。明るい気分になったり、その品物の使い方についてのビジョンが得られたら、ポジティブ・エネルギーをもっていると考えられます。なんの生気も生命力もなく、冷たい、あるいは重たいと感じるなら、別のものを探しましょう。ネガティブな品物の波動レベルを引き上げることは可能ですが、手間と時間に見合うだけの価値はありません。

エネルギー・ノートブックから

手間のかかる浄化

浄化する場合、ほとんどの場所は、作業を一度行うか見て回る程度ですむのが普通だ。しかし、頑固なエネルギー・スポット、他次元への扉、霊体などが相手の場合、さらに手間のかかるエネルギー・ワークを必要とする。

たとえば、かつてわたしは、大勢の人が亡くなった悲劇の史跡の隣りにある、一〇〇年以上たったビルを浄化してくれと頼まれたことがあった。そのビルは街の一区画をすべて占め、アンティークショップ、本屋、服屋など、さまざまな業種の店舗が入居していた。ビルのオーナーは、そこには幽霊がいて、夜中に不審な物音が聞こえるという。しかし商売を続けたいので、もっと活気のあるエネルギーが欲しいというのだ。改築はすませたものの、それはなんの役にも立たなかったという。

そのビルは、外から眺めるかぎり正常だった。そこでわたしは、指導霊と天使に助けを請い静寂点に入ると、ビル全体にガラガラ音と燻しを施し始めたが、そこでついに問題点が明らかになってきた。

つまり、そのビルは単にエネルギーの停滞やマカバが不活発な状態にあるだけではなく、ありとあらゆる原因の交錯がみられたのだ。淀んだエネルギー、バラバラになった霊体のかけら、閉じ込められた霊体、その他種々雑多な霊体たちが深く根付き、さらには次元の扉まで存在していたのである。これでは、単純な〝一掃作戦〟では片づかないのも明白であった。

わたしはまず、ガラガラ音と燻しで浄化を始め、さらにエネルギーが深く根付いた問題のスポットに対し、そこにいる霊体が本来の場所に戻るようにという思念を込め、水晶をばら撒いた。

この作業中、わたしは、閉じ込められて行き場を失った何体かの霊魂やバラバラになった霊体のかけらを目撃していた。閉じ込められた霊魂は、床の上で眠っていたりぼんやりと立ちつくしていたし、バラバラになった霊体は、まるではかない影のようであった。

また、別の場所にいたふたつの幽体は、その大きさと発する気配の強さが感じられただけであった。それらは次元の扉を守りながら、無関心な様子でわたしを眺めていたのだ。次元の扉は、ビルの最上階に竜巻のようなエネルギーとして出現したが、そこはビルのオーナーが、悲劇のあった隣の建物の遺物を展示する博物館として設計した場所だったのである。

普通、わたしがガラガラ音や燻しを用いて浄化をしていると、シャーマン的な意識状態に入り、ある世界から別の世界に出入りできるようになる。そうなると、異次元にいる幽体が三次元の現実と重なり合うように観察できるのだ。

わたしの受信手段は、主に視覚を通じたものであるが、ときには聴覚や触覚に何かを感じる場合もある。あなたが透視力を身に付けていなくても、作業中の場所に幽体がいれば、何かがさっと〝通り過ぎた〟ような感じ、室内の冷たさ、見られているような感覚、物が現われたり消失したりする現象、見えない力を受けて物が移動するなどの現象から、その存在を感じとることができるだろう。

二回目の浄化作業にとりかかったわたしは、閉じ込められた霊体がいた区域に戻り、太鼓を叩き、サイコポンプ（霊魂を冥界に運ぶ者）を導き入れ、霊体を光の方に追い立てた。行くのを拒む霊体もいたが、ビルのオーナーから、害もなくそこを離れたくない霊体は追い払わなくてもよいと聞いていたので、わたしは霊体たちに新たな可能性を示すにとどめたのである。

次に、わたしは次元の扉を守っている二つの幽体にとりかかり、彼らの目的を見きわめるために話しかけようとした。彼らは、背が高く、宇宙人か、エネルギー・リングでできた次元を漂う生物のようで、上下に重なり合ってこちらを見ていた。結局、わたしは話しかけることなど必要のないことが分かった。彼らはわたしの思念を読み取っていたのだ。そこでわたしは声には出さず、「なぜあなたたちはここにいるのか？」と尋ねたところ、「観察している」という答えが返ってきた。

「その扉は、あなたがたのものなのか？」と尋ねると、彼らは少し戸惑いながら、「扉はただここにあった」という。

わたしは、大地の精霊たちがこの扉を使い、次元を行き来しているのだと考えていたが、彼らは、ネガティブな霊体が入れないよう、ずっとこの場所を守り続け、ここで死んで今なおその当時の思いを記憶している霊体だけを通らせていたというのである。

わたしは自分のパワーアニマルに、この霊体たちは無害だと言うが、このままにしておいてかまわないのか、それとも排除した方がよいのかを尋ねた（もし害があるようであれば、わたしはすぐにパワーアニマルに頼んで彼らを除去し、扉を閉めてもらうつもりだったのである）。

彼らはこのやりとりを聞き、理解した様子を示したので、わたしは彼らに、「このままずっとそこに居て、扉からネガティブなエネルギーが入ってこないようするつもりなのか？」と問うと、霊体たちは、「そのつもりだ」と答えた。パワーアニマルも、彼らにはこの仕事をやってのけるに十分なパワーがあると認めたので、わたしは彼らをそこに残し立ち去った。

この後、わたしは建物のマカバを強力にし、神性意識グリッドとつなげた。そして、難儀しながらもやっと発見した、三階にある押し入れに隠れていたパワースポットから太鼓を叩き、ワークを完了させたのである。

一連の事情を聞いたビルのオーナーは、「かなり以前から〝気味の悪い何か〟が住みついていることは知っていたが、今回発見された新しい〝店子〟の話は、隣の史跡に神秘性を加え、店のお客を喜ばす面白い伝説となるだろう」と、喜んでくれた。事実、浄化の儀式を終えた後、この店舗は再び活況を呈するようになったのである。

Review

第４章の復習　**エネルギー解放の儀式の手順**

①その場所に宿る精霊に許可を求め、指導を得るための祈祷を行う。
②静寂点を見つけ、グラウンディング、センタリング、シールディングを行う。
③境界線を定め、ガラガラ音と燻しを行う間、その地にとどまる。
④完了したら、儀式の締めくくりとして、感謝を捧げる。

結び

建物や土地のエネルギー・ワークに取りかかるには、前もって広い視野を養っておくとよいでしょう。個人的な健康や幸福の増進、あるいは大地のバランスの改良などを目的に、ネガティブなエネルギーをポジティブに変容させると、それは同時に、人類全般のエネルギー力を高めることにも貢献します。

ただ、このようなエネルギー・ワークの効用にも限度があることはわきまえておいてください。たとえエネルギーをよい方向に変容させたところで、カルマの支配力と自由意志は鎮めることができないからです。特に、もしそれが誰かの現在または過去の人生から集中的に送られた意志であった場合、それはあなたのワークを破壊してしまいます。一方で、神が介在し、ワークの結果を変えたり、必要な教えを伝えてくれることもあるでしょう。

いずれにせよ、目的を絞ってワークを行えば、ポジティブ・エネルギーを十分に活用することも可能で、自然力と協力しながら、ネガティブ・エネルギーのない建物や土地を維持することができるのです。

十分にワークを行った場所は、天空を帯状に横切るサーチライトの光のように明るく輝き、この世のものとは思えない清々しさをたたえています。このような場所は、ネガティブ・エネルギーをはねつけ、ポジティブ・エネルギーを引き寄せるので、人間にとっても健全な環境に変身しています。

最後に、本書で述べた方法や考え方のすべては、わたしたちがこの惑星を多様な生命体と分かち合うことへの〝愛と感謝の表現であることを表明しておきます。エネルギー・ワークを行うとき、いつも心に留めておいていただきたいのは、すべての土地、すべての生き物は神聖であるという造物主のおぼしめしです。

ワークによる偉大な成果は、強い力を用いた行為からもたらされるのではなく、わたしたちとともに創造にたずさわる地球のエネルギーを崇敬し、指導霊や天使のささやきを信頼することから生まれるのです。わたしたちの存在は、地震と比べればちっぽけなものではありますが、ささやかで静寂な〝良心の声〟は、何にも増して偉大なのです。

精霊に導かれ、造物主とともに創造に参与するというわたしたちの潜在力への気づきが芽生えるなら、思いもよらない偉業を成し遂げることも可能となります。聖なるものを〝見る〟ことで、わたしたち自身がそう成れるのです。それこそ、わたしたちの在るべき姿ではないでしょうか。その結果、岩、木、植物、動物、大地の精霊など、わたしたちが目にするすべては力を与えられ、そこから生み出された神聖な魔法円が、わたしたちを活気づけることでしょう。

これこそが、環境シャーマニズムの秘密なのです。自然環境を癒すこと、すなわち、そのことは自らの癒しなのです……。

解説

〝浄め〟とシャーマニズム

井村宏次

◉土地や建物を浄める

現在のアメリカに土地や建物を〝浄《きよ》める〟ことを主な業務の一つにしている人物がいる――、このことを知った筆者はとても驚いた。

そこで、その人物ジム・P・F・ユーイングの小著をBNPの野村編集長に紹介したのである。本書はその著〝Clearing：A guide to Liberating Energies Trapped in Buildings and Lands〟, Findhorm press, 2006の全訳である。タイトルは、『建物や土地に封じ込められたエネルギーを解放する〝浄化〟(法)』、といった意味になるだろうか。こう書くと難しく感じる読者がおられるかもしれないが、要は日本において一般的な「地鎮祭」や「鎮宅祭」と同じような意味だと考えればよい。ただし神道や仏教におけるこの種の宗教的行事は、土地に対しては地鎮祭を、そして建物の完成時には鎮宅祭がそれぞれ一回ずつとり行われるのに対して、ジム・ユーイングの土地や建物への浄めは、必ずしも建物の完成時だけでなく、その後に生じた状況に応じて施法《エネルギー・ワーク》を行うのである。

とすると、彼の言う〝浄め〟とは建物完成時の後にも行う一種「祓え」（お祓い）の意味あいをもつようである。

ジムは言う――、その建物に奇怪な霊姿が姿を現したり、その建物の住人に理不尽な不幸事が連続する、またその建物で商売を営んでいたところ、ある時点から急に流行《はや》らなくなったり行き詰まったりしたような場合には、不正なエネルギーが発生している恐れがあるから、霊的な診断を行うとともに、〝浄化〟施法にとりかかる必要がある、というのだ。

浄化すべきときであるかどうか、を判断するにあたって、彼は場所や建物の中にいるときのフィーリングを重視しており、次のように記している。

(1)浄化が必要でない場所：そこにいると心地よく感じる空間。
(2)浄化が必要な場所：寒気を覚える場所、理由もなく悲しくなったり、いらいらする空間。

ジムによると、(1)の場所には浄化施法を行う必要はないが、(2)の場所は施法の対象になるという。そのような場所に住む人は健康被害を受けたり、営んでいる会社や商店の業績が不振に陥ったりするという。もちろん(2)の中には、奇怪な霊姿が目撃されたり、ポルターガイストや心霊現象が発生する場所も含まれる。そうした問題空間にはネガティブなエネ

ルギーが存在しているのであり、彼はそのエネルギーの本体を見きわめて

(1)あるエネルギーに対しては、そのエネルギーを本来あるべき世界に戻すこと。

(2)また、別なエネルギーに対しては必要があれば、そのネガティブ・エネルギーをポジティブに変容させること。

——などの施法を行うことで対応し、その場所や空間がもっている本来のさわやかで明るく、温かい空間を呼び戻すのである。

そしてこの浄めという行為は、単に依頼主の利益に結びつくだけでなく、彼の言う〈神性意識グリッド〉を通して地球と地球空間全体の〝浄化〟につながっているというのだ。だからもし、このような〝浄化〟を行う人が増加するなら、施法によってもたらされる効果は個人の場所、空間を浄めるだけでなく、地球と人類の未来を明るくする行いでもあると力説するのだ。

ジムの造語になる(?)〈神性意識グリッド〉という言葉に抵抗を感じる読者は、次のように解釈されるとよいだろう。

地球科学によると、その中心部にマグマが燃えたぎる地球は、表面がサッカーボールの模様のような「岩石圏《リソスフェア》」という十数枚の巨大な板《プレート》でおおわれているとされる。すなわち、われわれの住む場所（および海底）はプレートの上なのである。また、このプレートの動きが巨大地震を引き起こす原因になることは衆知のとおりである。ところで、遠くはプラトーンの時代から地球は巨大な「格子《グリッド》」におおわれているという考えがあった。この古代の知恵は今では科学に見捨てられているが、いまだに信奉する人々がいる。彼らによると、このグリッドこそが人体をおおい構成している「気」の流通する通路である「経絡《メリディアン》」の地球版であるという。つまり、このグリッドは地下と地上、そして全地表さらに地球の上空まで存在する巨大なネットワークであるというのだ。地球の上空を覆うグリッドは人体オーラの地球版、つまり地球オーラの構造の骨組みであるとされている。このグリッドは宇宙の創造主によって生み出されたものであり、地球全体をおおうとともに、個々の人間や全動物、あらゆる個別的存在と密につながっているのである。ジムの言う、〈神性意識グリッド〉はこのシステムを指しているだろう。

〝お浄め〟を行う際、もし施法者がジムの言う「静寂点」（精神統一状態）に入っているなら、その施法全体は〝神性意識〟すなわち創造主とつながっているのである。〝神性意識〟は施法者を導く霊的「ガイド」や「精霊」を通して働き、場所や建物を汚している〝迷える霊〟や〝ネガティブな感情エネルギーの固まり〟などを解除し、それぞれを戻るべき所に戻すとともに、ときにはネガティブ・エネルギーをポジティブに変える原動力になるのだ。

このようにジムの行う〝浄め〟の内容を見てくると、日本古来の地鎮祭とは少し異なることが分かるだろう。その目的とするところは同じでも、日本における地鎮祭などの鎮《しず》めの法は多分に儀式化していると言える。筆者は、それでもなおわが国の地鎮祭や鎮宅法の効果はあると信じているが、現代社会には、そういった儀礼、儀式によってだけでは鎮まりきれない何か、――邪気とかネガティブ・エネルギーが無数に存在しているように思える。

このことを証すのが、無数の「都市伝説・神話」の誕生なのである。

◉都市伝説とシャーマニズム

今を去る二〇〇〇年のことである。

解　説
〝浄め〟とシャーマニズム

岐阜県のT団地に心霊パニック騒動が勃発し、日本中の耳目を集めた。各局のワイドショーのレポーターたちがT団地におしかけ、面白おかしく心霊現象の詳細を伝えた。

いわく、「真夜中に団地の踊り場で子供の笑い声が聞こえた」、「小さな公園のブランコが誰も乗っていないのに揺れた」、「部屋の中では食器が飛び」、「台所の水屋の扉が勝手に開いて中の食器が飛んできた」、「夜中に人のかっこうをした影や幻が枕元に立った」、などと、それはポルターガイストと心霊現象が混在する多彩で広範囲、大規模な現象群であった。

この奇妙な出来事は、ある霊能者の修法《ずほう》によって終焉を迎えたとされるが、それにしてもこの心霊パニックは以後の「都市伝説」を生むに十分な動機づけとなったのである。

そして、その霊能者が行ったことこそ、一種のお浄め修法であったと思われる。明るい住宅地やビルが林立する大都会にシャーマニズムや、その仲介を行使する呪術者《シャーマン》はまったく似合わないと思える。

シャーマンは砂漠の民やアマゾンの熱帯雨林にこそ似合いそうであるが、T団地の心霊騒動にみられるように、現実にはいくら都市が発展し近代化都市という名にふさわしい町になろうとも、そこにはシャーマンを必要とするような非物質的で超自然的な現象が出現するのである。ジムによると、大都会にも「女神」の住むパワースポットがあるという。都市化したからといって霊的存在が消滅するわけではないようだ。砂漠や熱帯雨林にはそれにふさわしい超自然現象が生起し、近代化都市にはその都市の成り立ちにまつわる人間の情念に対応した奇怪な超常現象が生み出される。そして、それらのエピソードは人々の耳から耳へと伝えられる間に誇張され歪曲され、いつの間にか伝説として語り継がれるようになるのだ。こうしてときには岐阜県のT団地の例のように、何らかの心霊的対応が必要となるような事態も勃発するのである。

この種の話題は週刊誌ジャーナリズムやテレビのワイドショーにとって恰好のネタとなり、ひとしきり大衆を沸かせたあと消えていき、そして、その後に都市伝説の新しいメニューに加えられるのだ。インターネットに〔都市伝説〕というキーワードで検索をかけてみると、現時点における大量のエピソードを読むことができる。

こうした事実から判明するのは、モノとしての自然を破壊することは簡単であり、そこに存在した草木や棲息する生物を消し去ることはたやすくても、草木やイキモノの〝霊〟を消去することは難しいということかもしれない。天地の道理に叶《かな》うことなく消去された〝命〟はモノとしての活動が不可能になると、霊としてのイレギュラーな活動を開始するのであろうか。

同じことは消し去られた人間、情念や未練を遺しつつこの世を去った人々にも言えそうであり、都市伝説の背後に蠢《うごめ》きのたうつエネルギーの源は、それら見えざる存在にあるのかもしれない。

ところで、本書の著者、ジム・ユーイングはアメリカの原住民、チェロキー族の長老シャーマンであり、〝メディスン・マン〟としてミシシッピー州において約三百数十名から成るコミュニティを率いている。メディスン・マンとはそのコミュニティの人々の健康と生活を指導する役割をもち、それは天職であるという。メディスン・マンはおのおの得意分野を有しており、薬草に詳しい人、精霊との交流が得意な人などコミュニティにおいては賢者として長老として人々の尊敬を集める存在である。ジム・ユーイングは手技療法に長けたヒーラーであり「レイキ」の術をマスターするなど、癒しの儀式を得意分野にしているようだ。

また彼はメディスン・マン、ヒーラーとしての経験を白人社会に伝えようと努力している。本書を処女作としてその後現在までにアメリカ・インディアンのシャーマニズムを伝える〝Finding Sanctuary in The nature〟、植物と動物（ペット）の遠隔ヒーリングの手法を伝える〝Healing Plants and animals from a distance〟など計四冊の本を著すとともに「シャーマニズム研究協会」のスポンサーとなり、著作にみられるようなテーマやスピリチュアリティについてセミナーや講座を実施し、広く白人社会に門戸を開くなどアメリカ・インディアンの知恵と技を伝える努力を続けている。とりわけ、ここに訳出した本書はその独創的な内容から、発売後から現在まで相当な版数を重ねているのである。

このような経歴から、ジムは招きに応じて積極的に都市伝説の現場にも出かけているようだ。その豊富な体験が、本書のような分かりやすく実用性いっぱいの「浄めの書」の執筆を可能にしたのである。

シャーマンとしてメディスン・マンとして、ジムは霊的砂漠と化した近代都市の難しい状況を見逃せなかったのであろう。彼は、地上全体の霊的清浄化という命題を意識しつつ、今日も都市伝説の現場へと向かうのである。

◉伝統の中の〝浄め〟の技法

ここで本書の中で著者が明らかにしている浄化法の手順をまとめておこう。ジムによると〝浄化〟とは良くないエネルギー（邪気）を解放することであるという（第四章）。その技法を瞥見《べっけん》しておこう。

(1)あらゆる建物や土地にはツボというべきパワースポットがある。その土地や建物のパワースポットを探す。その点《スポット》が見つかったら、その上か近くに座る。スポットが壁の中や近づけない場所であるときには、その近くに座るのである。

パワースポットの探し方

- ブーンという低い音や虫たちの羽ばたきのような音のする所。
- 心臓、みぞおちあたりに独特なエネルギーの高まりを感じる所。
- そのスポットに来ると、足に根が生えたような感じや下り坂を歩く感覚を覚える。
- 壁や物体の内側にスポットがある場合、かすかな風が吹いてくる感じがする。
- 寒い建物の中を歩いていて、急にエアコンの温かい風のようなものを感じる。

(2)ポイントの上か近くに座り、心を鎮める、瞑想などを行い「静寂点」に入る。意識は清明にし、信仰があるなら、その信仰対象と一体化した心境に入るのである。

ジムはある雑誌のインタビューに答え、静寂点について次のように説明している。

「先週、僕は近くの教会でシャーマニズムについて話してほしいと招かれていた。その帰途、僕はこの夜に起こる月蝕を見ようと湖が一望できる特別な場所に赴《おもむ》いた。すると満月は輝く白色から血の色に変わり、そして消失した。その一部終始を眺めながら僕は、これは五感の世界のリアリティからそれを超えた世界のリアリティへの旅だと思った。つまり、僕は五感的感動を覚えると同時に、自分のマカバ（エネルギー体）がすごく高揚しているを感じたんだ。このまさしく〝聖なる瞬間〟とも言うべき体験は自分が「静寂点」に入っていたことを示しており、それは月蝕という通常世界の出来事が終わってからも、数時間続いた……。」

「翌日の夜、僕はボブ・ディランの野外コンサートに出かけた。ディランがアンコールに応えて唄う〝like a Rolling Stone〟のレコード録音とは異なる、語りかけているような歌声を聴きながら、僕は自分の内部で振動する地球エネルギーを感じた。そこに昨夜の月蝕ウォッチングのときに見た光景が重なり、僕は「時」というものの全景と「時」のない世界を同時に感じるような豊潤な意識の高揚の中にいたんだ。」

このようにジムの言う「静寂点」、あるいは恍惚感をともなう精神統一状態は、世の霊感者や宗教家が体験する非日常的な意識状態と同様のものであるようだ。多くのシャーマンや宗教家は、この特殊な意識状態のもとでさまざまな仕事を遂行するのである。シャーマンや宗教家たちはこの意識状態に入るための多くの行法をもっている。単調にくりかえされる太鼓のリズムや聖句、経文の朗読もその一つである。

読者は本書第一章の説明を熟読、実行されて静寂点に入るための貴方にふさわしい方法をマスターされたい。幸いなことに一度、静寂点に入る体験をすると、次回からより容易に静寂点に入れるようになるから、いろいろと試みていただきたい。その入り口ともなる第一歩は、大自然と親しみ、それと交流し、そこに入り込むような思いになる体験をもつことである。日本における修験道の〝山行〟とは、この第一歩的な修行なのである。

(3)浄化法の実行段階に入る。まず、その土地や建物の〈気〉エネルギー的な診断を行う。

次いで、ネガティブ・エネルギー〈邪気〉の整理に入る。

ここで用いられるのは次のような手段である。

①浄化をうながす聖句の朗読、聖歌《ゴスペル》の歌唱、ハミング。

②浄化をうながすドラム（太鼓）, ガラガラ音を出す打楽器の演奏。
③浄化をうながす聖なる植物の煙（セージ）。
④精霊、パワーアニマルへの依頼、祈請《きせい》。
⑤境界を定めるための聖なる植物（トウモロコシ・煙草）。
⑥リボンや細布をしばりつけた棒の応用。

以上、ジムが行っている浄化法を簡単に見たが、彼がインディアンのシャーマンであることを思い出してほしい。つまり、ジムの浄化法の全体はアメリカ・インディアン（とりわけチェロキー族）の伝統にもとづいているのだ。以上①～⑥のエネルギーワークは本格的な手順であり、自分の家や居室などの場合には、セージなどの香の煙をたてながらガラガラ音を鳴らしてその空間を時計回りに歩くだけでよいという。

彼は伝統行法を都市に住む人ならだれでもができるように、アレンジして伝えているのである。

読者はこの浄めの手順を見てどう思われるだろうか？

もし、これらの方法が「インディアン独特のもので、特殊なものだ」、と思われる方がおられるなら、筆者は、そうではないと言いたいのだ。というのも、ジムのいう土地や建物の浄めという霊的習慣は、あらゆる民族が保有し実行してきた重要な儀礼なのである。

　各民族の浄めの技法を点検してみると、だいたい、七つのファクターに分類できるようである。

①火：灯明、松明《たいまつ》、炊きあげ（燃やすという行い）。
②水：聖水（浸水、撒布）。
③動物（血や生贄《いけにえ》）、植物（葉、枝）。
④音声
　人の声による聖句、呪文、経文の朗読、唱和、舞踏。
　聖歌の唱和。
⑤聖なる楽器音（鐘、すず、お鈴《りん》）と祓えの楽器音（ガラガラ、太鼓など）。
⑥特殊な用具（法具）の援用。
⑦特殊な芸能（舞踏や動作）を演じる。

ここで読者は、日本の祭礼の実際を想起していただきたい。日本における多くの伝統的な祭礼は豊年豊作を願うためのものである。しかし、そのためには土地の神を呼びさまし、あるいは勧請《かんじょう》し、その土地を浄め、さらに神々に出遊していただかねばならない。こうして中世の田楽《でんがく》や神楽《かぐら》が始まったのである。この芸能を奉ずることによって神々をもてなし喜ばせ、そして豊穣《ほうじょう》を祈請し、祭りは終わる。すなわち多くの豊穣祭は田畑や村落の〝浄め〟と〝祈請〟という二つの部分から成り立っているのだ。

祭礼の式次第を点検してみると、日本の祭礼において演じられる行事のファクターは、アメリカ・インディアンの行っている儀礼のファクターと極めて類似していることが分かるだろう。また用いられる用具や法具についても同じことが言える。とりわけ筆者が注目するのは楽器類と前述した⑶の⑥、の〝リボンや細布をしばりつけた棒〟である。このアメリカ・インディアンが用いる棒と似た神道義礼の法具（神具）として読者は何を連想されるだろうか？　これこそ神主が手にする祓《はら》い棒（あるいはシデ）と同じものではないか。また楽器については、インディアン呪者はドラム（片面太鼓）とガラガラ類を用いるというが、日本ではどうだろうか？　日本においては鈴をはじめ大小さまざま、多種多様な太鼓類が用いられる。和太鼓から片面の団扇《うちわ》太鼓、締太鼓《しめだいこ》などである。

問題なのはガラガラ類である。これはおそらくヒョウタンのような瓜類の身と種を抜き、よく乾燥させてから小石や砂のようなものを封入した楽器であろう。これを振ると、中南米の楽器・マラカスと同じく、乾燥したシャカシャカ、あるいはガラガラという音を発するのである。

ガラガラと似た日本の楽器というと、出雲地方で用いられる「銭太鼓」があげられるだろう。これは竹の胴をもった太鼓の中に硬貨《コイン》を封入したものである。したがって振るとシャカシャカと鳴るのである。また飛騨・五箇山《ごかやま》民謡の「こきりこ節」で用いられる「ささら」も「カシャー、シャカーン」という乾燥した音を発することからガラガラ類の中に入れてもよいかもしれない。

以上、インディアンと日本の伝統的祭礼について簡単に見たが、さらに範囲を広げて、アジアやアフリカの国々に目を向けると、やはり同じ事情、同様なファクターが認められるが、関心ある読者はいろいろ調べられたい。

◉浄めるための「音」、ガラガラ音をめぐって

前節の「〝浄め〟の技法」の最後に筆者は、ジムの行っているチェロキー族の「浄めの儀式」の手順を世界の民族の浄めの技法を考慮しつつ、七つのファクターに分類した。「火」「水」「舞」「法具」と並んで「音声」はとりわけ重要であるようだ。音声は「歌唱・朗詠」と「楽器音、とりわけ打楽器」という二つを指す。

ジムが用いる楽器は「ガラガラ」と太鼓の二種類であるが、とりわけガラガラの重要性を述べている。そのわけを考えてみよう。

〝浄め〟という目的から考えると、仏教のお鈴《りん》の澄んだ美しい音は、われわれの心を鎮め癒すとともに空間をも浄めてくれそうに思うが、アメリカ・インディアンやオーストラリアのアボリジニ、アフリカ原住民たちの浄めの伝統の中には〝美しいすきとおった鈴や鐘〟の音は含まれていないのだ。またチベット仏教ではキリスト教のベルに似たティルブという手でもつベルを用いるが、それは儀式用であり、手にもって振り回すためその音はけたたましく、日本のお鈴の音とはまったく異なっている。まるで「魔」を追っぱらうよ

うにやかましく連打されるのだ。もっともチベット仏教にはもう一種、日本のお鈴とそっくりの鈴（ドニバトロ、シンギング・ボウル）も用いられるが、こちらは精神修養が主な使用目的であって、土地や場所の浄化には用いられないようだ。

チベット仏教の祭礼や儀式の式次第の中には巨大なチベタン・ホルン（ドランチュン）やシンバル（スイルニョン）、「ガ」とよばれる太鼓や日本のでんでん太鼓に似た「ダマル」などをけたたましく鳴らす独特な音楽が含まれており、地面をゆるがし遠くへと這《は》うように広がっていくホルンの音と、空間をつんざくような打楽器群の合奏が一度聞くと忘れられない印象を残す。まさしく、チベットの儀礼音楽は土地と建物と人々を一度に浄化する機能を備えているようだ。

一方、アフリカや中南米の原住民の音楽に特徴的なのは太鼓とガラガラの組み合わせである。アフリカにおける「シェケレ」や「カヤンバ」、中南米の「マラカス」や「カパサ」などはガラガラ楽器といってよいだろう。カパサの発する打撃音や用い方は、日本のささらと似ている。また、アフリカにおいては空缶にクギを何本か入れたものをガラガラと鳴らすなど職人ではなく素人の手づくり楽器も多く用いられる。こうした各民族の儀式用音楽に用いられる楽器類は、各楽器が発する音の周波数によって分類できるのだ。

①低音楽器：太鼓・ドラム類の多く
②中～高音に音域をもつ楽器：笛、撥弦楽器《はつげんがっき》
③高音楽器：シンバル類、鈴類、ガラガラ

ところで、人の声や朗詠は低、中、高、すべての音域をカバーしている。そして、①の低音楽器は人体の腹膜を震わせエネルギーを与える。また地面をも震わせて遠くにとどく。土地の浄めの音であろうか？

②の中～高音楽器は人体の胸に響き、密度の高いその音は空間を飽和状態にし、緊張させるだろう。地面と天の間、人の住む空間を浄めるのだろうか？

③の高音は人体の頭部に響き、清涼感をもたらすだろう。こもった邪気を引き出す音なのであろうか？

ジムは本書の中でガラガラ音の効果については単に〝エネルギーを散らす音である〟とし、その詳細と理由は説明していない。考えてみると、ジムにとって〝浄め〟をはじめ、インディアンの多くの儀式、修法はすべて伝統なのであるから、後でとってつけたような

説明は意味がないのかもしれない。伝統をつむぎだすのは思考ではなく実際的な経験であるからだ。

シャーマニズムをテーマにした、かつての大ベストセラー「カスタネダ」シリーズにおいて、シャーマニズムの研究者・カスタネダはその師、ヤキ族のシャーマンであるドン・ファンにしつこく「何故?」と問いかけるが、ドン・ファンの答えはいつも（現代社会に生きる白人の）カスタネダにとって理不尽なものであり、謎であった。にもかかわらずカスタネダにとってドン・ファンの行う呪術やその理論は無意味な迷信である、とも断じきれなかったのである。経験によって新たな考案と修正が加えられて完成された現時点の伝統の〝術〟はそれなりの〝効果〟を生み出したからである。

八百万《やおよろず》神の住む国日本、この国の神道もまたアメリカ・インディアンに負けない多くのシャーマニック・ワーク（祭礼・儀式）を伝統として伝えている。その多くは瑞穂《みずほ》の国、ニッポンにふさわしい豊穣への祈願であったり、神占《しんせん》であったりする。平成の世、国民の老齢化と少子化によって限界部落が増えていく今、千年、数百年にわたって伝えられてきた各地神社の祭礼・儀礼は失われつつある。かろうじて生き残った祭礼も口伝者の減少、部落そのものの人口減少を前に消えゆきつつあるとも言われる。そんな中、筆者は、ジムが浄めの業にとって重要であるというガラガラ、シャカシャカ音を儀礼に用いる日本の祭礼について探索してみた。

残念ながら日本の祭礼にはアメリカ・インディアンの「ガラガラ」と同一、同様な楽器は用いられていない。前述した「銭太鼓」や「デンデン太鼓」、それに「鳴子《なるこ》」などが似たものとしてあげられるだろうが、「銭太鼓」や「鳴子」は、たとえば平安時代に遡るような古いものではないらしい。そこで飛騨の五箇山地方で「こきりこ節」に用いられる「ささら」に注目してみた。

巷説によると「こきりこ節」は日本最古の民謡であると言われ、伴奏に用いられる「こきりこ」は短い二本の竹の筒を打ち鳴らすもの、そして「ささら」は小さな竹の板一〇八枚を束ねた楽器で、半円に構えて波打たせて鳴らすのである。その「カシャー、シャカーン」という鋭い竹の音はその高音の響きにおいて、ガラガラと通じるものがある。実際に「ささら」やガラガラを時々鳴らしながら室内を歩いてみると、部屋の空気がすっきりし、透明感が増すようである。どうやら、ガラガラの音の秘密は〝高音〟の〝乾いた音〟にありそうだ。

ちなみに「ささら」は五箇山においてのみ用いられるのではなく、その近隣広くに用いられていたようだ。京都府福知山市教育委員会の山口常久氏によると、福知山周辺では広く「ささら」が祭礼に用いられてきたそうである。もっともそれらの祭礼の多くは人口の過疎化によって消えてゆきつつあるとのことである。

そんな中、平成六年に京都府登録無形民俗文化財に指定された「大身《おおみ》のヤンゴ踊」では「ささら」が祭礼の中で重要な位置を占めていることがわかる。ヤンゴ踊は三和《みわ》町大身地区の広谷神社において毎年十月一日の大祭の前日にとり行われる田楽である。長棧《ちょうろう》と呼ばれる踊り場で神に奉じられるヤンゴ踊の起源は数百年前とされるが、この豊穣感謝の舞の意味や一定間隔で唱えられる「ヤーンゴ」という言葉の意味はよく分かっていない。ただ、田楽とはいえ、そのにぎやかなイメージとは裏腹に重苦しいまでの厳粛さが支配する祭事である。同地区の五名二組の隠居だけが演じることのできるヤンゴ踊は、古代の豊穣田楽の形を伝えるとされ、それは地区に豊かな実りをもたらしてくれた神々への感謝だけではなく、その年に生じた地区や田畑、家々の穢《けが》れをとり除く浄めの儀礼であるようだ。

厳粛そのものの無言の儀礼のさなか、笛と太鼓、ささらのひなびた音声はその浄めの役目を十分に果たしていると思え、笛、太鼓、ささらという三種の楽器のうち、その一つが欠けても浄めは達成されないように思える。

「ヤンゴ踊」について、その浄めの効果を確かなものにするためであると思われる次の二点について筆者はとくに注目しておきたい。

(1)三つの「ささら」、一台の太鼓は本殿に安置されている。宮座《みやざ》にて田楽が演じられる際にのみ、それらの楽器は宮司から直接田楽衆に手渡しされる。また使用を終えると再び本殿に戻され安置される。つまり楽器類は完全に聖別されており、これらの楽器が穢れないようにする処置なのである。

(2)「ヤンゴ踊」田楽の動作はゆるやかで優美に見えるが、舞に入る前後の動作を含めて、田楽衆の一挙手一投足のすべてが伝統作法どおりに行うよう厳格に定められている。

この二つの処置は祭事の結果（効果）を確かにするためであろう。

本書の著者、ジムの教えるところとあわせて考えると、特定の場所に浄めをもたらそうとする者は、その施法の目的をしっかりと自覚しながら厳粛に施法せよ、ということであろう。軽々しい気持ちで行っていては、その効果はひどく限定的なものになるだろう、ということである。施法者が「静寂点」に入ることの重要性をジムが強調するのも同じ理由からであるにちがいない。

ジムの行うチェロキー族の「浄めの儀式」と同じく日本の「ヤンゴ踊」においても音声の重要さが見てとれる。用いられる楽器音と人の声をもって、音声周波数のほぼ〝全スペクトラム〟をカバーしている。高音部を受け持つのは笛であるが、そこにチェロキー族では「ガラガラ」、ヤンゴ踊では「ささら」という変わった楽器が加わる。そこにはさまざまな周波数をまとった邪気を聖別された音声によって浮かし取る（祓う）、という思想がこめられているのかもしれない。

また、とりわけガラガラ音やシャカシャカ音は邪気を祓うために必須音であるのかもしれない。このことは赤ちゃんがガラガラという幼児玩具やベビーベッドの上でくるくると回りながらガラガラ、シャカシャカという音を奏でるベビー・メリーゴーランドを好むことと関係あるのだろうか。幼児たちは音による浄めを快適に感じているのかもしれない。

チェロキー族やヤンゴ踊と同様な例はアフリカやオーストラリア、アジアの原住民族の儀礼にも多く見られる。こうした観点からの文化人類学的研究が行われることを期待しておきたい。

◉都市における「祭」と「儀礼」

地方において〝限界集落〟が増加し、古来からの祭礼が次々と静かに終焉を迎えていく一方、都会では新興の〝ソーラン祭〟や〝よさこい祭〟に代表される新しい祭が次々と誕生し、隆盛を極めている。人はいつもどんな時代にも、どんな場所においても祭が好きなのだ。いや、人と祭は切っても切れない関係にあるのだ。

都市の祭に率先して参加するのは、エネルギーをもてあまし発散したい若者である。この事情は古来からの土地の祭礼をとり行い、土地と人々、そして自分を祓い浄めるために火や水を扱う危険な行事に率先して飛び込んできた昔の若者の姿と重なる。

昔の祭には「神」というシンボルが厳然として存在してきた。祭は浄めと豊穣を願う里の人々の祈請の場であるとともに、神と人がたわむれ〝遊ぶ〟チャンスでもあった。神殿（本殿）を出た神は神輿《みこし》の中に丁重に招き入れられ、人々が供するさまざまな演舞や競技を楽しんだあと、再び神の空間に戻っていくのであった。この神々の里への遊行《ゆぎょう》は同時に、里の浄めという重要な役目を担っていたと考えられる。

〝浄め〟とシャーマニズム

祭には神主や古い時代には巫子《いちこ》というシャーマンが介在してきた。この状況も世の東西を問わない。神と人との交流の儀式である祭は、その形や進行状況において、原理とそれを具現するための要素に関しても、東西のあらゆる社会《コミュニティ》に共通しているようだ。

祭だけではなく、さまざまな儀礼儀式についても同じことが言えそうである。村のスポーツ大会からオリンピックにいたるまで、開会式や閉会式なしではすまされない。表彰という儀式も同じである。始まりと終わりの儀式があってはじめて、その集まりや祭は意味をもつのである。

各民族の人生についても同じことが言える。人の誕生から死にいたるまで、節目ごとの〝集まり〟や〝お祝い〟などの儀礼儀式は自然発生的に設けられ、その社会における習慣になったのである。こうした節目を人生に設けることで個人も家庭も、そして社会も前に進むための新たなエネルギーを獲得してきたのだ。早い話が日本における「初詣で」のにぎわいはこのことの証左であろう。

だから、村や町から伝統的な祭が失われていこうとも、別な形で人々は必然的に祭や催しを生み出していくのである。逆に、新しい祭や催しを生み出せない社会は荒廃した社会、衰退と亡びに向いつつある社会であると言えるだろう。

この意味で、次々とオカルティックな都市伝説を生み出す社会は、その荒廃の徴《しるし》を見せているると言えるかもしれない。静かに眠れぬモノ、鎮まりきらないモノが空間にはびこり、それがゆえに人々は荒れた気分に襲われコミュニティを破壊する行動に駆られる。不安や不満、恐怖のバイブレーションが空間を汚染していく……。人々は愛と助けあいの風情《ふぜい》を失ってゆき、不信とそれにもとづく策略が横行する……。財だけが大手を振って闊歩する社会、無慈悲な奪いあいの社会。オカルティックな都市伝説を面白がっているうちはまだいい。やがて社会は不透明な暗さに満たされていくことだろう。都市伝説とは眠れぬモノ、鎮まりきらないモノたちの叫びであることに気づく必要があるのだ。

人が去り経済が不活発になった町にめざめのときがくる。エネルギーが沈滞し重苦しい町の空気を振り払おうという気分が人を動かす。こうして〝町おこし〟が始まるのである。その第一の手段が祭であることが多い。人々は知っているのだ、音声や踊り、そして光や炎が鎮まらないモノを鎮める、ということを。多くの場合、そこには神というシンボルは無い。しかし、そのコミュニティの魂がそれを必要だと知ったなら、神はいつの日か勧請されることだろう。新しい祭が発足し決行されることによって、そのコミュニティの空間をうずめていた鎮まらぬモノ、つまり不安や恐怖などの想いの邪気は浮かびあがり、あるいはたたき出され、町の空間は浄まっていくことだろう。

調子のよいテンポで始まる美空ひばりの「お祭りマンボ」はその終わりになってテンポを一変させ、トーンも低く「お祭りすんで 日が暮れて、つめたい風の 吹く夜は」（原六朗作詞・作曲）と歌い始める。そのとき、その町の雰囲気は夜の神社の境内にも似たものであるはずだ。邪気が祓われた空間は透明で冷やっとした感じを与える。それは空間がニュートラルになった証拠なのである。別な言葉で言うと空間が浄まったのである。やがて朝がやってくる。そして、そのニュートラルな空間に朝の太陽光（の陽気）が充填《じゅうてん》されていくのである……。

※

ジム・ユーイング著の本書は筆者に思いがけない気づきを与えてくれた。というのも単に土地や場所の浄めに関する理解をもっただけにとどまらず、古代から現代まで綿々と続いてきている人間と祭、儀礼・儀式についての根本的な理解をもたらしてくれたのである。

それは長年、筆者の胸にモヤついていた気分を払拭してくれ、爽快な気分すら味わうことができたのである。

このような理解が得られたのも、ジムがアメリカ・インディアンの浄めの法に関して、おそらくは秘密、口伝に関することまでも平易な言葉で公開してくれたが故であろう。しかも彼は、自分の教えるとおりにやれば浄めの効果が出るなどといった偏狭な教え方をせず、世界中の誰もが浄めを実行できるように、その原理を明らかにしてくれたのもありがたい。

たとえばチェロキー族が用いる「ガラガラ」について、この楽器が無ければ錠剤の入った薬ビンを振ることで代用してもよい、と述べているのである。このガラガラは浄めの技法で重要な役目を果たすのであるから、読者はマラカス（メキシコ）やシュケレ（アフリカ）で代用してもよいし、ヒョウタンにアズキやダイズ豆を封入して自作されてもよいだろうし、それも用意できなければジムが教えるように薬ビンを振ってもよいだろう。

また、ジムが力説するように、たとえ個人の土地や建物を浄める作業であっても、その「浄めの儀式」は必ず地球全体を浄めることに寄与するのだ、ということを銘記しておきたい。彼が希望するように、浄めを行う人が一人でも多く増加すれば、わがマザー・アースは蟻《あり》の歩みであってもより健全な方向に向かうのだ。こうした居住環境の乱れや汚れに敏感なアメリカ・インディアンたちの伝統的な考え方を知るにつけても、彼らの人間の大きさに敬意を払いたいものである。

末筆ではあるが、訳者である澤田憲秀氏、美しく編集を終えて下さったＢＮＰの野村敏晴編集長に、ありがとう、ご苦労様と心から申し上げたい。

Jim PathFinder Ewing [ジム・ユーイング]

チェロキー族の長老シャーマン、メディスン・マン。手技療法に長けたヒーラーでありレイキ・マスターでもある。ミシシッピー州において約三百数十名のコミュニティを率いている。また「シャーマニズム研究協会」のスポンサーとなり、セミナーや講座を開き、メディスン・マン、ヒーラーとしての経験とアメリカ・インディアンの知恵と技を白人社会に伝える努力を続けている。著書にアメリカ・インディアンのシャーマニズムを伝える“Finding Sanctuary in The nature”、植物と動物(ペット)の遠隔ヒーリングの手法を伝える“Healing Plants and animals from a distance”などがある。

澤田憲秀 [さわだ・のりひで]

1949年滋賀県長浜市生まれ。甲南大学経営学科卒業。1975年から80年にかけてアジア、ソ連、中近東、ヨーロッパを旅行。81年から83年まで、ドイツに滞在。以来、日独間の文化交流や海外研修プロジェクト等、異文化コミュニケーションの分野で活動。また、超心理学関係の通訳や各種文献の翻訳にも携わってきた。訳書に『ヒトラーとオカルト伝説』(荒地出版社)がある。

井村宏次 [いむら・こうじ]

大阪・十三生まれ。立命館大学法学部、関西外国語短大英米語学科、明治東洋医学院鍼灸学科、それぞれ卒業。鍼灸・東洋医学臨床歴30余年、その間に英・米・欧人を含む精鋭の後進を育て日本式伝統鍼灸術を伝えている。「気」と「サイ」の実験的研究は30年に及び、「キルリアン写真」の分野では世界トップレベルの研究を行う一方、「気」と「気の医学」の実際をよみうり文化センター(大阪・千里中央)などで伝えている。アート・フォトグラファー、音楽評論家(クラシック・ロック・エスニック)、アート評論家としての顔も持ち、自らもアート製作を行う。著書には『サイ・テクノロジー』(工作舎)、『宝石&貴石 神秘力活用マニュアル』『チベットの守護石—天珠の神秘力』『予言と超予測』(ビイング・ネット・プレス)など、訳書には『ウィーンからの魔術師 A・メスマーの生涯』(春秋社)、『聖女ヒルデガルトの生涯』(荒地出版社)、『ガーデニング風水』『聖ヒルデガルトの医学と自然学』『癒しの医療 チベット医学 考え方と治し方』『カラー・セラピー 色彩の神秘力』『スピリチュアル・レッスン』(以上、ビイング・ネット・プレス)など多数。

アメリカ・インディアンの「場」の浄化法
スペース・クリアリング

2011年 2月 4日 初版第1刷発行

著　者　　ジム・ユーイング
訳　者　　澤田憲秀
解説者　　井村宏次

発行者　　野村敏晴
発行所　　株式会社 ビイング・ネット・プレス
〒151-0064 東京都渋谷区上原 1-47-4
電話 03（5465）0878
FAX 03（3485）2004
装幀　　須藤康子＋矢野徳子
印刷・製本　　株式会社シナノ

ISBN 978-4-904117-66-8 C0011

実践講座 1

呪術・霊符の秘儀秘伝（増補版）

著＝大宮司朗
定価＝本体 1700 円 + 税

安倍晴明の式神使役法ほか、誰にでもできる呪術の秘法を公開！　能力を高める歩行術・邪を斬る神秘の指刀・印と真言。
[特別付録] 切って使える霊符 100

実践講座 2

古神道行法秘伝

著＝大宮司朗
定価＝本体 1600 円 + 税

効験あらたかな秘伝の古神道行法と古神道占いを、豊富な写真とともに紹介。石上鎮魂法・伯家行法・言霊行法・本田親徳の禁厭法・切り火の秘事・神折符。

実践講座 3

まじない秘伝

著＝大宮司朗
定価＝本体 1700 円 + 税

古来より伝わる効験の確かなまじないを厳選、霊符も豊富で、今すぐ実行可能！　開運招福・護身除難・諸病退散・妖魔排除。
[特別付録] 切って使える霊符 50

実践講座 4

チベット密教 図説マンダラ瞑想法

著＝ツルティム・ケサン＋正木晃
定価＝本体 2200 円 + 税

チベット密教の秘儀を、豊富な図版と詳細な解説で導く初めての実践的修行法。マンダラの宮殿が立ちあがり、ホトケがつぎつぎと現れることを実感できる。

実践講座 5

天・地・人の占術・開運術

タオ風水術

著＝鮑黎明
定価＝本体 1800 円 + 税

地運に応じた最新の風水術を紹介。さらに六壬推命で天命を知り、吉祥用物で運勢強化、成功へ導く。

実践講座 6

ヒーリング・パワーを目覚めさせる

スピリチュアル・レッスン

原著＝ジャック・アンジェロ
監訳＝井村宏次　訳＝山元謙一
定価＝本体 2200 円 + 税

癒しと自己実現の 98 のエクササイズ。チャクラを開く・エネルギー場を感じる・波動調整・オーラスキャン。

実践講座 7

能力を出しきるからだの使い方

アレクサンダー・テクニーク入門

原著＝サラ・バーカー
訳＝北山耕平　監修＝片桐ユズル
定価＝本体 1600 円 + 税

心身の無駄な緊張をやめることで、それまで抑えられていた能力を解放する。世界でいちばんやさしい実践書。

実践講座 8

あなただけの星マンダラ占星術

紫微斗数精義

著＝鮑黎明
定価＝本体 1800 円 + 税

あなたの人生をピンポイントで読みとる、人生の羅針盤・中国古典占星術。結婚・財運・職業運・対人関係。

実践講座 9

なぞって書いて　ご利益増大

書写　霊符秘伝

著＝大宮司朗
定価＝本体 1600 円 + 税

神道・道教・修験道などの霊験あらたかな霊符 60 を、なぞって書けるようにしたもの。健康長寿・家内円満・対人和合・恋愛成就・財運向上・災難防止など。

実践講座 10

10 円玉占い

神易占い術

著＝大宮司朗
定価＝本体 1600 円 + 税

10 円硬貨 6 枚でできる易占い。神の意志をうかがい、災いを避け、福を招き、人生をより豊にする。